**사양합니다,
동네 바보 형이라는 말**

사양합니다,
동네 바보 형이라는 말

한국에서 10년째 장애 아이 엄마로 살고 있는
류승연이 겪고 나눈 이야기

푸른숲

'동네 바보 형'이 아닌 친구이자 동료로

"아갸갸갸, 아갸! 아갸!"

초등학생 아들이 뜻 모를 외계어를 쏟아낼 때면 장소를 불문하고 사람들의 시선이 쏠린다. 열 살 몸뚱이의 남자아이가 생후 200일 된 아기의 옹알이를 하고 있으니 금방 티가 난다.

"아…… 장애인이구나."

아들이 장애인인 걸 알게 된 사람들은 대부분 비슷한 반응을 보인다. 처음엔 신기한 듯 곁눈질로 쳐다보다가 이내 '장애인 바이러스'에 옮기라도 할 듯 거리를 둔다.

"얘는 왜 말을 못해요?"라고 물어 오는 용기 있는 아이들도 더러 있다. 하지만 그런 아이들은 질문한 지 1분도 채 지나지 않아 엄마에게 이끌려 간다. 정의의 사도인 엄마가 등장해 아이를 구출해 가는 것이다. 학원을 가자는 둥 빵집에 들르자는 둥 자리를 피해야 하는 이유가 즉석에서 만들어진다. 그래서 이들 주변에는 언제나 공간이 남는다. 그때마다 나는 "장애는 전염병이 아니에요. 옮지 않아요. 그냥 같이 있어도 되는데……"라고 속으로만 외친다.

고백하자면 나 역시 그랬다. 장애인을 전염병 환자라도 되는 듯 보았다. 내가 장애 아이의 엄마가 될 것이라는 사실은 꿈에도 모른 채.

나는 대학교 1학년 때 장애인과 처음으로 대면했다. 혜화역 4번 출구로 나오자마자 휠체어에 앉아 있는 한 뇌성마비 장애인을 보았다. 텔레비전에서 봤던 것처럼 팔도 비틀려 있었고 말하는 것도 힘겨워 보였다. 그 옆을 지나가야 했던 난 팔랑거리는 예쁜 치마가 휠체어에 닿기라도 할까 봐 잔뜩 긴장한 채 걸음을 옮겼다. 치마가 휠체어에 닿는 순간 '장애인 바이러스'에 옮기라도 할 것처럼.

내 아들은 출산 시 뇌손상에 의한 후유증으로 장애가 왔다. 허나 이것도 짐작일 뿐 정확한 원인은 아직도 모른다. 뇌 MRI 검사에서도 특별한 점이 발견되지 않았기 때문에 의사들도 짐작만 하고 있을 뿐이다.

어쨌든 나는 30대 결혼, 난임, 인공수정으로 쌍둥이 임신, 다

태아 임신으로 인한 조산 등 최신 트렌드를 그대로 거쳐 쌍둥이를 낳았다.

임신 7개월에 들어선 어느 날 밤, 남편이 놀란 목소리로 날 깨운다. "자기 오줌 싸?" 눈을 떠보니 다리를 타고 물이 조르르 흐르고 있다. 처음엔 나도 소변인 줄 알았다. "힝. 배가 무거우니 오줌보 조절도 안 되나 봐." 하지만 그건 소변이 아니었다.

"오 마이 갓! 양수잖아!" 이란성 쌍둥이라 각기 다른 양수를 갖고 있던 아이들. 자기 양수가 터진 딸은 배 속에서 빨리 나오고 싶어 난리가 났다.

구급차를 타고 대학병원으로 출동. 그런데 조산이라 아이가 위험할 수도 있어서 소아청소년과 전문의가 도착하기 전까지는 출산을 할 수가 없단다. 산부인과 의사의 손을 잡고 진통이 올 때마다 "하! 하! 하!"라고 구령을 붙이며 배에 힘을 빼 출산을 늦췄다. 나오려고 꿈틀대는 아이를 못 나오게 막는 상황이 벌어졌다.

소아청소년과 전문의가 도착한 뒤 딸은 신속하게 세상 밖으로 나왔다. 문제는 2번 타자인 아들이다. 배 위쪽에 있던 아들은 도무지 내려올 생각을 하지 않았다. 딸이 태어나고 30분이 넘도록 아들이 나올 생각을 안 하자 의사는 제왕절개를 명했다. 더 이상 지체되면 아이가 위험할 수도 있단다. "아니 선생님! 한 명은 자연분만하고 한 명은 제왕절개를 한다고요?" 침대에 누워 수술실로 이동하는데 억울한 마음이 들었다. 이럴 줄 알았으면 처음부터 제왕절개를 할걸. 수술 장비가 내 몸 위에 얹히는 동안 의사에게 말했다. "이번에 진통 오면 딱 한 번만 더 힘 줘 볼게요. 혹시 아이가 나올 수도 있잖아요." 승낙을 받은 뒤 진통이 오자 젖 먹던 힘까지 쏟아냈다.

두 번째 양수가 촤악 하고 터지며 아들이 나왔다. 하지만 이내 들려야 할 "응애" 소리가 들리지 않는다. 적막함만이 수술실을 가득 메운다. 배 속에서 오래 지체한 탓에 아이가 축 늘어져서 숨을 쉬지 않았던 것이다.

의사와 간호사들이 아들 주위로 다급히 모여든다. 나는 두려움에 소리쳤다. "왜 아이가 안 울어요? 왜 아무 소리가 안 나요?" 얼마 후 "에" 하고 갓난아이의 작은 한숨 소리가 들린다. 아주 작게, 아주 약하게, 귓가를 스치던 소리. 그 한숨 같은 최초의 호흡으로 아들은 살아났고 그때 입은 뇌손상으로 발달장애인이 되었다. 그리고 나는 장애 아이의 엄마가 되었다.

누구나 그렇겠지만 나 역시 '장애'라는 단어가 내 인생에 들어올 것이라고는 한번도 생각해본 적이 없었다.

학구열 높은 부모님 덕에 '강남 8학군'이라 불리던 대치동에서 학창 시절을 보냈고, 대학 졸업 후 기자가 되자 모두 나를 '기자님'이라 불렀다. 사회부를 거쳐 정치부 기자가 되니 이제 새벽부터 밤까지 국회의원들과 통화를 하느라 휴대전화가 불이 난다. 자신에 차고 오만해지고 콧대가 한껏 올라간다. 그러다 연예인 뺨칠 정도로 잘생긴 신랑하고 결혼도 한다. 더 큰 복도 찾아온다. 쌍둥이를 임신했다. 그것도 남녀 쌍둥이를. "내 인생은 핑크빛으로 가득 차게 될 거야." 아이들이 태어날 날을 기다리며 인생 계획을 세운다.

"2년 동안 육아휴직을 하고 앞집 사는 시어머니에게 아이들을 맡긴 뒤 복직해야지. 국회 출입은 6년간 했으니까 이제 복직하고 나면 청와대를 출입하게 되겠지. 그러다 40대에는 정치부장을 하게 될 테고, 50세 전후의 어느 날이면 목소리 쩌렁쩌렁한 호랑이 여자 국장이 되어 악명을 날리겠지. 나는 그렇게 살아갈 거야."

한 치의 의심도 없는 미래의 내 모습이었다.

하지만 2009년 9월 어느 날, 내 인생의 궤도는 180도 바뀌었다. 태어나는 순간 "에"라고밖에 숨을 쉴 수 없었던 아들은 자신의 인생뿐 아니라 엄마의 인생도, 가족의 인생도 모두 바꿔놓았다.

나와는 다르게 생각하고 행동하고 소리 내는 아들 앞에서 기존에 알고 있던 육아 지식은 무용지물이 되었다. 나는 힘들고, 힘들고, 힘들어서 눈물만 났다.

그러나 장애 아이 육아보다 더 힘든 건 '세상의 시선'이다. 장애인을 향한 세상의 시선. 장애인 가족에 대한 편견과 오해. 그것들은 냉정했고 차가웠고 고통스러웠다. 나는 '장애인 가족'이 되고 나서야 비로소 그러한 세상의 모습을 알게 되었다.

나는 때때로 혜화역 4번 출구 앞에서 마주쳤던 그날의 그 장애인을 떠올린다. 혹시 그때 내가 다르게 행동했더라면, 다른 시선으로 쳐다봤더라면, 지금 내 아들은 장애를 갖지 않아도 되었을까? 그였는지 그녀였는지 지금은 생각나지 않는, 오래전에 마주한 그 장애인이 내 죄책감을 자극한다. 목에 걸린 가시처럼 잊을 만하면 따끔거리며 존재감을 드러낸다. 아마도 그 가시는 평생 동안 빼내지 못할 것이다.

이 책에 실린 글은 2016년 11월부터 〈더 퍼스트미디어〉에 연재한 '동네 바보 형'을 새로 정리한 것이다.

연재 명에 대해 가끔 질문을 받는다. 왜 '동네 바보 형'이냐고. 그건 발달장애인을 비하하는 말 아니냐고. 맞다. 맞는 말이다. '동네 바보 형'은 발달장애인을 대놓고 조롱하는 말이다. 내 아들은 멀지 않은 미래에 '동네 바보 형'으로 불리게 될 터였다. 누군가 내 아들을 기억할 때 "옛날 우리 동네에 '동네 바보 형' 한 명 있었잖아"라고 말하게 될 것이다.

내 아들은 진짜 '동네 바보 형'일까? 어른이 되어도 어린아이처럼 순수하게 사고할 수 있는 축복받은 존재는 아닐까? 왜 한

없이 투명하기만 한 내 아들은 세상으로부터 '동네 바보 형'이라 조롱받고 차가운 시선을 받아야 할까?

사람들은 장애인을 무시하거나, 두려워하고, 심지어 혐오의 눈길을 보내기도 한다. 왜 그럴까? 세상이 발달장애인에 대해 잘 모르기 때문이다. 지하철에서 마주치는 장애인은 찰나의 순간에 곁을 지나가는 타인일 뿐이고, 영화 속에서 만나는 장애인은 상상 속에서 만들어낸 캐릭터일 뿐이다.

그러니 나는 알려야겠다. 현실의 장애인은 영화와는 다르다는 것을. 현실 속 장애인과 그 가족은 특별한 누군가가 아니라 바로 내 가족이며, 친구이며, 동료이며, 이웃집 사람일 뿐이라는 것을. 그래야 평생을 장애인으로 살아갈 내 아들의 삶이 손톱만큼이라도 나아질 수 있을 것이다. '피하고 싶은 장애인'이 아니라 '다르지만 같은' 친구이자 동료이며 이웃집 사람으로, 내 아들이 세상에 받아들여질 수 있을 것이다.

나는 이 책을 모든 초중고교의 교사들이 가장 먼저 읽기를 바란다. 평범한 삶을 사는 이들이 장애인과 처음으로 마주하는 공간이 바로 학교다. 하지만 애석하게도 교사들마저 장애인을 모른다.

나는 이 책을 자식을 낳은 모든 부모들이 읽기 바란다. 내 아이가 언제 어느 해에 장애 아이와 한 반이 될지 모르는 일이다.

단지 아는 것만으로도 내 아이의 장애인 친구와 그 아이의 엄마를 바라보는 시선은 바뀔 수 있다.

나는 이 책을 내 손주가, 내 조카가, 내 사촌이 장애인인 사람들이 읽고 장애를 가진 피붙이와 그 가족의 삶을 조금 더 깊이 이해하게 되기를 바란다.

마지막으로 나는 지하철에서 장애인을 만났을 때 움찔하며 거리를 둔 경험이 있는 사람들이 이 책을 읽기를 바란다. 마치 10년 전의 나처럼 '장애인 바이러스'에 옮기라도 할 듯한 시선으로 장애인을 바라보았다면 꼭 한 번 읽어주길 바란다.

장애인, 그리고 그 가족은 나와 다른 세계에 사는 먼 나라 사람이 아님을 알게 될 것이다. 중학교 때 한 반이었던 발랄했던 여자 동창이, 옛 직장에서 분위기를 잘 띄우던 남자 동료가 장애 아이의 부모가 되어 있음을 알게 될 것이다. '장애'는 내 주변 가까운 곳에 있음을 알게 될 것이다.

장애인.

어감 자체가 무겁고 왠지 회피하고 싶어지는 단어다. 하지만 그들도 우리와 똑같은 사람이다. 다만 그들 마음속에 우리와는 다르게 생각하는 어린왕자가 살고 있을 뿐이다. 태어날 때부터 지구인이던 우리와 달리 먼 우주에서 온 듯 보이는 그들은 지구인의 생활양식을 매우 천천히, 시간을 들여 배워 나가고 있는지도 모른다.

나는 바란다. 대한민국의 많은 어린왕자들이 무사히 지구에 안착할 수 있기를. 지구 적응에 실패해 '나 홀로 행성' 안에 갇혀 버리거나 우주로 떠나 버리는 선택을 하지 않게 되기를. 그렇게 되도록 지구인들이 조금만 더 호의적인 시선으로 그들을 지켜봐 주기를. 나는 간절히 바란다.

차례

1부

우리는 모두
처음을 겪는다

모든 아이는
신의 축복이다

'모든 아이는 신의 축복'이라는 말이 있다. 그렇다면 장애를 안고 태어난 아이도 마찬가지일 터였다. 3년 전만 해도 나는 이 말을 믿지 않았다. 하지만 아들이 열 살이 된 지금에서야 그 말의 의미를 조금이나마 이해하게 되었다.

장애 아이를 키우다 보니 남들 같으면 겪지 않아도 될 별꼴을 다 겪는다. 눈물은 마를 날이 없고, 가끔씩은 화도 난다. 신을 원망하고 싶을 때도 한두 번이 아니다. 특히 나는 '신의 축복'이라는 말을 들으면 유독 민감하게 반응했는데 거기엔 그럴 만한 이유가 있었다.

왜냐하면 장애인인 내 아들은 고인이 된 김수환 추기경의 축복을 받고 태어난 아이이기 때문이다. 웬 봉창 두드리는 소리냐고? 사연은 이렇다.

우리 부부는 종교가 없다. 남편은 무교인 듯 무교 아닌 무교적인 그런 상태다. 무슨 뜻이냐면 남편은 평소에는 하나님을 믿지 않지만 급할 때면 하나님부터 소환해 기도를 하곤 한다. 나는 정확히 말하면 종교가 없다기보다 '신은 하나'라는 개념으로 종교를 바라본다. 하나님이든 부처님이든 달님이든 '같은 존재, 다른 이름'으로 인간들에게 받아들여진다고 생각한다. 어쨌든 특정 종교의 신자가 되지 않겠노라 작정하니 오히려 편했다. 급할 때는 하나님한테 기도를 했고, 절에도 마음 편히 다녔고, 밤하늘을 보며 달님에게 소원을 빌기도 했다.

그러다 그날이 왔다. 남편과 집에서 텔레비전을 보는데 김수환 추기경이 돌아가셨다는 방송이 나왔다. 유리관 안에 누워 있는 추기경의 모습을 보다가 번쩍 든 생각 하나. "자기야! 빨리 기도 좀 하자. 우리 아기 생기게 해달라고. 하나님 말고 김수환 추기경한테."

하나님은 전 세계 모든 인간의 기도를 다 들어주느라 바쁠 테니 이제 막 천국에 도착한 김수환 추기경에게 기도를 하자고 했다. 그러면 임신을 바라는 우리의 청이 하나님에게 전달되지 않겠느냐고 남편을 설득했다. 천국에 막 들어간 김수환 추기경이 당분간은 천국 안으로 가지 않고 하나님 바로 옆에서 이런저런 얘기도 하며 회포를 풀지 않겠냐는, 지극히 무지하고 무교적인 생각에서 비롯된 발상이었다. 하지만 마음만은 진지했던 우리는 텔레비전 앞에 서서 두 눈을 꼭 감고 진심을 담아 기도했다.

"추기경님, 우리 아기 생기게 해달라고 하나님한테 대신 부탁해주세요……."

자연임신을 위해 눈이 마주칠 때마다 노력했다. 어쩔 땐 우리가 인간인지 짐승인지 헷갈릴 정도였다. 그러나 결혼하고 3년이 되어가도록 임신 소식은 없었고, 결국 인공수정을 하기에 이르렀다. 인공수정마저 실패하면 시험관 시술을 해야 할 터였다. 지칠 대로 지쳤지만 우리는 너무나 간절히 아이를 원했다.

그 일이 있고 얼마 뒤 남편이 꿈을 꿨다. 꿈에 김수환 추기경이 나와서 당신이 입고 있던 추기경복을 벗어 남편에게 입혀주었단다. 추기경복을 입은 남편을 보고 어떤 아주머니가 뭐라고 막 나무랐는데 김수환 추기경이 등장해 당신이 직접 옷을 벗어 남편에게 입혀주었다고 하자 그 아주머니는 눈물을 흘리며 기도를 했단다. 꿈에서 깬 남편은 로또 복권을 사야 하나며 흥분했지만 나는 그것이 태몽임을 직감했다. 아니나 다를까 나는 임신을 했다.

김수환 추기경의 축복을 받고 잉태된 생명. 남편의 성이 마침 김 씨였기에 우리는 태명을 '수환'으로 지었다. "수환아, 수환아"라고 부르며 행복해하기를 한 달. 임신 6주가 되어 초음파 검사를 하는데 아기집이 두 개다. 쌍둥이란다. 오 마이 갓! 한 방에 두 명!

아들은 끝내 지적장애 판정을 받았고
영원히 어린왕자로 살게 됐다.
나는 화가 났다.

태명을 어찌할까 고민하다가 한 명은 '수', 한 명은 '환', 이렇게 나눠서 "수야", "환이야"라고 불렀다. 그리고 아이들이 태어나자 김수환 추기경의 이름 '수'와 '환'을 차례대로 넣어서 먼저 나온 딸은 김수인, 나중에 나온 아들은 김동환으로 이름을 지었다.

분명 추기경의 축복을 받고 태어난 아이들인데 아이 하나가 이상했다. 돌이 되어도 뒤집기조차 못했고, 세 돌이 되었는데도 혼자 걷지 못했다. 엄마 아빠 손을 잡거나 벽을 잡고는 걸어가는데 그나마도 뒤뚱뒤뚱했다. 게다가 두 발이 바깥으로 활짝 펴져 있었다. 앞을 향해야 할 발바닥이 부채처럼 펴져서는 양옆을 바라보고 있는 것이다. 발도 걱정이지만 두뇌가 더 걱정이었다. 도무지 말귀를 못 알아듣고 세상만사에 무관심하다. "장애일까? 에이 설마…… 늦는 애들이 있다고 했어." 그렇게 두려움 반 우려 반으로 지내던 어느 날이었다.

나는 침대에, 아이들은 바닥에 누워 자고 있는데 어둠 속에서 방문이 조용히 열리더니 누군가 들어온다. 김수환 추기경이다. 아이들이 깰까 봐 조심조심 발걸음을 옮겨 우리 아들 앞에 선다. 자세를 낮춘 추기경이 아들의 머리와 발을 한 번씩 어루만진다.

그러더니 다시 뒤돌아 조용히 나간다. 방문을 닫기 전 나를 보더니 손가락을 들어 "쉿" 하고는 조용히 문을 닫는다. 어둠 속에서 침대에 누운 채 그 모습을 지켜보던 난 "아, 추기경이 오셨구나" 하다가 그대로 다시 잠이 들었다. 진짜 다녀가셨는지, 꿈을 꾸었는지는 지금도 모르겠다. 아마도 꿈이었겠지.

사실상 종교가 없는 우리 부부의 꿈에 김수환 추기경이 차례로 다녀간 것은 예사로운 일이 아니었다. 그래서 기대를 했다. 우리 아들이, 김수환 추기경의 이름을 자신의 이름 안에 간직한 이 아이가 기적적으로 좋아져 정상적으로 자라나는 쌍둥이 누나를 따라잡으리라는 기대를 했다.

하지만 아들은 끝내 지적장애 판정을 받았고 영원히 어린왕자로 살게 됐다. 나는 화가 났다. 누구에게든 울분을 쏟아낼 곳이 필요했는데 마침 얼마나 좋아. "결국 이러려고 축복을 준 거예요?" 나는 김수환 추기경의 사진을 볼 때마다 "흥!" 하며 분노를 터트렸다.

신이 선물한 건
장애가 아니었다

아들이 다녔던 유치원의 특수학급에는 독실한 가톨릭 신자인 장애 아이 엄마가 한 명 있었다. 그녀는 신이라는 존재에 분노하는 나를 보며 자신의 이야기를 들려줬다. 자신도 나 같은 시절이, 아이에게 장애를 준 신을 원망했던 시절이 있었다고. 그렇게 원망하고 기도하던 어느 날 신이 왜 아이에게 장애를 줬는지 답을 얻었다고 한다.

나는 눈이 번쩍 뜨여 "왜 줬대요? 장애를?" 하고 물었다. 그녀는 이런 답을 얻었단다. "신이 너를 축복하기 위해서"라고. 나는 그만 실소를 해버렸다. 뭐시라? 나를 축복하기 위해서 내 새끼한테 장애를 줬다고라? 사방 천지에 널린 게 기독교와 가톨릭 신자들인데 그들이나 축복하지 왜 무교인 우리를 축복해! 에잇, 그런 축복은 멍멍이나 줘버려!

김수환 추기경의 사진이 보일 때마다 한 번씩 째려보고, '신의 축복'이라는 말에 민감하게 반응하며, 그렇게 하루하루를 살아가다 보니 아이들은 어느새 자라 열 살이 되었다.

어느 날인가 잠을 자려고 자리에 누웠다. 늘 내가 가운데 눕고 양옆에는 아들과 딸이 나란히 누워 자는데 그날따라 요놈들이 잠을 안 자고 장난을 치며 깔깔거린다. 특히 아들은 웃음보가 터져서 제어가 안 된다. 엄마의 작은 동작 하나에도 까르르 까르르. 그 모습을 지켜보던 딸이 말한다. "엄마, 동환이가 역시 추기경님의 축복을 받긴 받았나 봐. 이렇게 귀여운 걸 보니……." 어둠 속에서 딸이 조용히 속삭이는 그 말을 듣는데 그제야 '신의 축복'이란 말의 의미가 어렴풋이 이해되는 것 같다.

축복은 한 방에 터지는 로또 같은 것이 아니었다.
축복은 천천히 옷을 적시는 가랑비 같은 것이었다.

축복은 한 방에 터지는 로또 같은 것이 아니었다. 축복은 천천히 옷을 적시는 가랑비 같은 것이었다. 미처 느끼지 못하는 동안에 서서히 스며들어 내 존재 자체를 감싸는 가랑비…….

발달장애가 있는 아들 덕분에 우리 가족은 평생을 갓난아기를 키울 때와 같은 기쁨을 맛보며 살게 되었다. 어린아이 같은 순수함으로 감정에 솔직하고, 작은 것에도 기뻐하는 아들을 보며 나도 같이 순수해지고 나도 같이 행복해진다. 예상 못한 행동과 애교 덕분에 매일같이 '빵' 하고 웃음을 터뜨리며 살 수 있게 되었다.

아들 덕에 우리 가족이 똘똘 뭉치게 된 것도 큰 축복이다. 주변을 보니 아이가 유치원에 입학하면서부터 육아에서 슬슬 손을 떼는 아빠들도 있다. 놀러 갈 때도 엄마들끼리 모여 아이들만 데리고 가기 일쑤다. 그동안 아빠들은 집에서 잠을 자거나 혼자 취미 활동을 한다. 하지만 우리는 언제나 어린왕자로 사는 아들 덕분에 항상 모든 일을 넷이서 함께 한다. 어디를 가든 함께 다닌다. 우리 아이들 곁에는 언제나 아빠와 엄마가 함께 있다.

신이 선물한 건 장애가 아니었다. 장애가 있는 아이로 인해 나와 우리 가족이 얻게 될 일상의 소소한 행복이 바로 신이 내려준 축복이었다. 김수환 추기경이 준 축복이었다. 누군가는 기도와 응답을 통해 알게 된 그 사실을 나는 어린 딸의 말을 통해 알게 되었다. 축복을 받고 태어난 아이를, 장애가 있는 내 새끼를 더 사랑하고 잘 키워야겠다는 생각이 든다. 아마 내가 태어나 살고 있는 이유일 것이다.

아이들이 더 크면 성당에 가야겠다는 생각도 한다. 나는 가톨릭 신자가 아니지만 아이들은 자신의 이름 안에 들어 있는 추기경의 축복을, 신의 축복을 마음껏 누리기를 바란다. 그리고 김수환 추기경의 사진을 볼 때마다 더 이상 째려보지 말아야겠다는 다짐도 한다.

힘든 것과
불행한 것은 다르다

　사람들은 종종 이런 오해를 한다. 장애 아이를 키우며 살아가기란 너무너무 힘들어서 부모의 인생도 불행할 거라고. 심지어 친구들조차 나를 보며 안쓰러워한다.

　"승연아, 힘들지? 힘들면 힘들다고 말해도 돼. 일부러 행복한 척하지 않아도 돼. 나한테는 힘들다고 말해도 돼."

　그래. 힘들다. 정확히 말하면 몸이 힘들다. 남들은 출산 후 몇 년만 고생하면 졸업하는 갓난아기 뒷바라지를 10년 동안 하고 있으니 체력이 달린다. 갓난아기는 작기라도 하지, 키는 140센티미터에 육박하고, 몸무게도 30킬로그램이 넘는 초등학생 어린이의 '수발'을 드는 게 만만한 일은 아니다.

　하지만 몸은 힘들어도 마음은 오히려 행복감을 느낄 때가 많

정박아, 지진아, 애자(장애인을 비하하는 말)보다는
모지리로 불리는 게 낫다.

다. 내 몸을 힘들게 하는 장애 아이가 사실은 나를 얼마나 행복하게 하는지 모른다. 이런 이야기를 해도 사람들은 곧이곧대로 믿지 않는다. 사람들은 내가 힘든 티를 안 내려고 행복을, 씩씩함을 가장한다고 생각한다. 나보다 먼저 눈물을 글썽인다. 내 손을 잡는다. 위로를 한다. 언제든 찾아오라는 고마운 말도 잊지 않는다. 그쯤 되면 난 깨닫는다. '아…… 지금 난 불행한 인생 코스프레를 해야 하는 거구나.' 사람들은 보고 싶어 하는 모습만 보게 마련이다.

최근 텔레비전을 보면 '모지리'라는 표현이 자주 나온다. 배우 서인국이 드라마 〈쇼핑왕 루이〉에서 '모지리' 역할을 했고, 나영석 PD의 예능 프로그램 〈신서유기〉에 출연한 가수 송민호는 '송모지리'라는 별명을 얻었다. 빈틈이 많지만 순수하고 사랑스러운 매력이 있는 이들에게 '모지리'라는 애칭을 붙여주는 것 같다.

사전을 찾아보니 모지리는 '머저리'의 전라도 방언이라고 한다. 말이나 행동이 다부지지 못하고 어리석은 사람을 낮잡아 이르는 말이기도 하고, 지능이 정상 범주에 미치지 못하는 사람을 일컫는 명사형으로 쓰이기도 한단다.

난 모지리라는 말이 나쁘지 않다. 정박아, 지진아, 애자(장애인을 비하하는 말)보다는 모지리로 불리는 게 낫다. 왠지 더 정감이 간다고나 할까. '모지리'라는 단어에는 '정박아'라는 말에서는 찾을 수 없는 애정 같은 게 살짝 느껴지기도 한다.

장애 아이를 키우는 행복이 있다. 장애 아이만이 줄 수 있는 기쁨도 있다. 내 아이가 장애 아이라서, 모지리라서, 활짝 웃을 수 있는 오늘이 있다.

예를 들면 이런 거다. 집에 손님이 왔다. 아들은 집에 사람이 와서 북적거리고 분위기가 활기차면 기분이 좋아진다. 그러다 손님 중 누군가가 화장실에 가거나 물을 마시려고 일어난다. 손님이 집에 가려 한다고 생각한 아들은 갑자기 다급한 표정을 지으며 손님들이 입고 온 외투를 양손 가득 안는다. 질질 끌고 가서는 부엌에다 휙 하고 던져놓는다. 그러면 외투가 안 보여서 손님들이 집에 못 간다고 생각하는 것이다.

저녁 시간에 좋아하는 만화 〈코코몽〉을 보며 즐거운 시간을 보내던 아들. 아빠가 퇴근했다. 아빠가 집에 오면 아들은 마음이 급해진다. 그때부터 텔레비전은 아빠 차지이기 때문이다. 이 아이는 감정을 숨길 줄 몰라서 표정에 모두 다 드러난다. 두리번거리며 리모컨을 찾는다. 탁자 위에 있는 리모컨을 발견한다. 얼른 집어든다. 누르는 버튼이 바닥을 바라보도록 뒤집은 뒤 다시 탁자에 내려놓는다. 그러고는 안심한 표정을 짓는다. 아들은 리모컨을 뒤집어 버튼이 눈에 보이지 않으면 아빠가 채널을 바꾸지 못할 거라 생각하는 것이다. "아이고, 이 모자란 놈! 그게 리모컨을 숨기는 거야? 아이고 이 모자란 놈아. 예뻐 죽겠네. 쪽쪽쪽." 뽀뽀를 안 하고 배길 수 없는 일상이 매일같이 이어진다.

이렇듯 전혀 예상할 수 없는 지점에서 아들은 모자란 행동으로, 솔직한 감정으로, 주변 사람들에게 '빵' 하고 터지는 웃음을 선사한다. 행복을 선물한다. "이렇게 예쁜 놈이 이 세상에 또 어디 있을까?" 내 입에서 하루에도 몇 번씩 이 말이 튀어나오는 이유다.

감정에
솔직하다는 것

사람들이 잘 모르는, 장애 아이만이 가진 미덕은 또 있다. 바로 감정에 한없이 솔직하다는 것이다. 꼬물거리는 아기 때는 누구나 갖고 있던 이 미덕을 우리는 이른바 '사회화'가 되면서 점점 잃어간다. 유치원에 들어갈 나이만 되어도 아이들은 제법 영악해진다. 집에서 보는 순진한 모습이 다가 아니다.

2년 전 처음으로 장애인 체육대회에 참가했다. 본 행사에 앞서 개회식을 기다리는데 심심해하는 참가자들을 위해 주최 측에서 신나는 댄스음악을 틀었다. 나도 나이가 마흔을 넘어가니 요

> 하지만 발달장애가 있는 이 아이들은 달랐다.
> 자신의 감정에 솔직했다.

즘 음악은 하나도 모른다. 가수도 모르고 노래 제목도 모르지만 오고가며 어딘가에서 들어본 선율에 절로 고개를 까딱거린다. 흔들흔들 발로 박자를 맞춘다. 싸이의 〈강남 스타일〉이 나오자 이제는 따라 부르기도 한다. "우, 섹시 베이베 워! 워! 오빠 강남 스타일."

그때였다. 고등학생으로 보이는 아이가 자리에서 일어나 익숙하고 신나는 댄스음악에 맞춰 춤을 추기 시작했다. 그게 신호탄이었을까? 여기저기서 아이들이 하나둘씩 일어나 춤을 춘다. 참가자들이 앉은 자리의 전면과 양옆은 이미 춤추는 아이들이 점령해버렸다. 장애 아이와 함께 온 부모와 형제자매들이 자리에 앉아 발을 까딱거리며 남들에게 들리지 않을 정도로 조용히 노래를 따라 부를 때 장애 아이들은 신나는 음악에 몸을 맡기고 흥겨운 마음을 그대로 표현하는 '솔직함'을 택했다.

이 아이들에겐 이것이 당연한 일이다. 음악이 나오니 신이 났고, 신이 나니 기분이 좋아져 춤을 췄을 뿐이다. 잘 추는 것도 아니다. 텔레비전에 나오는 아이돌의 세련된 칼 군무는 기대할 수 없다. 단지 흐르는 음악에 몸을 맡긴다는 느낌이랄까? 하지만 그 모습은 정말이지 환상적이었다.

나는 입이 떡 벌어졌다. 난생처음으로 마주한 낯선 광경은 나에게 감동을 주었다. 나는 물론이고 친구와 지인들은 기분이 좋아 춤을 추고 싶어도 아무 데서나 추지 않는다. 아니, 춤을 추지 못한다는 게 정확한 표현이겠지. 남들 눈치를 봐야 하니까. 하지만 발달장애가 있는 이 아이들은 달랐다. 자신의 감정에 솔직했다. 속마음을 표현하는 데 있어 거리낌이 없었다. 나는 이처럼 순수한 감동을, 즐거움을 우리 아들에게 매일 받으며 살고 있다.

우리 아들도 기분이 좋을 때 춤을 춘다. 그러고 보면 춤이라는 건 훗날 학습된 몸짓이라기보다 타고난 인간의 본능이라는 생각도 든다. 어쨌든 우리 아들은 기분이 좋을 때면 엉덩이를 뒤로 빼고 양 무릎을 엉거주춤 굽힌 뒤 양팔과 고개를 흔들며 덩실덩실 춤을 춘다. 이건 뭐 춤이라기보다는 타령에 맞춰 흐느적거리는 수준인데 그 모습을 보고 있으면 주체할 수 없이 웃음이 난다.

마트 한복판, 엘리베이터 안, 식당 등 장소도 가리지 않는다. 안 그래도 기분이 좋은데 엄마 휴대전화에서 자기가 좋아하는 만화 〈뽀롱뽀롱 뽀로로〉 주제곡이라도 흘러나오면 바로 댄스 머신 출격 준비를 한다. 엉덩이를 뒤로 빼고 엉거주춤하게 서는 게 준비 자세다. 아들의 덩실덩실 춤은 모든 사람에게 행복을 준다. 평소엔 아들이 '장애인 바이러스'를 옮길까 봐 거리를 두는 사람들도 아들이 춤을 추면 자신도 모르게 엄마 미소를 띠고 아이를 바라본다. 입꼬리가 씩 올라간다.

춤출 때만이 아니다. 아들은 행복한 마음을 솔직하게 표현한다. 평소엔 아빠가 뽀뽀해달라고 빌어도 있는 힘껏 거부하지만, 아빠 덕분에 기분이 좋아졌을 때는 먼저 다가가 작은 손으로 커다란 아빠 얼굴을 잡는다. 그러고는 뽀뽀를 한다. '아빠가 운전해서 재미난 곳에 놀러왔으니 고마워요'라는 마음의 표현이다. 아들은 목욕탕에 갔을 때, 놀이터에 갔을 때, 계란과자를 받을 때처럼 기분이 좋으면 마치 보상처럼 아빠에게 뽀뽀를 선물한다.

해달라고 빌어도 해주지 않던 뽀뽀. 그런 뽀뽀를 받은 아빠는 감동한 나머지 아이를 부서져라 껴안고 침 범벅이 될 때까지 놔주지 않는다. 아빠한테 당했다고 느낀 아들은 "이잉" 하며 한동안 아빠를 거부한다. 하지만 얼마 지나지 않아 기분이 좋아지면 다시 또 찾아와 뽀뽀뽀. 그리고 또 "이잉", 다시 또 뽀뽀뽀. 무한 반복이다.

물론 내 아들이 장애 아이라서 행복하기만 한 건 아니다. 당연히 힘들고 괴로운 일도 많다. 장애가 없는 아이 부모보다 행복이 두 배 정도 많다면 힘든 일은 대략 열 배쯤 많은 것 같다. 아들의 문제 행동이 두드러지는 시기가 주기적으로 찾아오는데 특히 그럴 때면 딱 이 세상을 하직하고 싶은 마음만 든다.

장애인인 자식의 인생이 고달프고, 그 아이로 인해 나머지 가

힘든 것과 불행한 것은
엄연히 다르다.

족의 인생도 힘들긴 하지만 그렇다고 불행한 건 아니다. 힘든 것과 불행한 것은 엄연히 다르다.

일례로, 작년 초까지만 해도 아들은 대변을 가리지 못했다. 집 안 곳곳에 '응가'를 해놓기 일쑤였다. 나는 설거지를 하다가도 어디선가 익숙한 냄새가 난다 싶으면 재빨리 물티슈를 들고 출동을 했다. 범죄 현장엔 어김없이 응가 한 덩어리가 덩그러니 있었다.

차라리 이건 고마운 일이었다. 아들은 밤에 기저귀를 차고 잤는데 간혹 잠결에 응가를 한 뒤 기저귀를 빼기도 했다. 불길한 기운에 눈을 뜨면 대참사가 벌어져 있었다. 기저귀 밖으로 탈출한 응가는 이불 전체에 뭉개져 있었다. 아들의 온몸도 똥투성이, 이불 전체도 똥투성이, 어떨 땐 바닥은 물론 옷장과 책상까지 똥투성이다. 그러면 나는 비상 경보를 발동하고 집 안 식구들을 모두 깨워 수습에 나섰다. 몸이 힘들었다. 초등학생 아들의 응가를 치우는 것은 몸이 힘든 일이다.

어느 날인가 아들이 거실 탁자를 붙잡고 엉거주춤 앉아서는 "잉잉" 소리를 내며 나를 쳐다본다. 무언가를 갈구하는 눈빛이다. 무슨 일인가 하고 가보니 거실 바닥에 방금 응가를 해놓았다. 그런데 응가가 발꿈치에 닿을 듯 말 듯 아슬아슬하다. 평소처럼 범죄를 저질러놓고 현장을 뜨려 했으나 막상 그러려고 보니 응가가 발에 묻을 상황이었던 것이다. 응가가 몸에 묻으면 안 된다는 걸 인지하고 있는 아들은 이러지도 저러지도 못하고 엉거주춤하게 앉은 상태로 "잉잉" 하면서 엄마에게 도움을 요청한 것이다. 나는 또다시 물티슈를 들고 출동해 응가를 치워야 했지만 그게 뭐 어쨌단 말인가! 이렇게 예쁜 짓을 하는데. 이렇게 예상치 못했던 대목에서 웃음을 주는데.

모지리면 어때? 모지리라서, 모지리만이 줄 수 있는 행복과 웃음이 있다. 내 아들이 모지리라서 나는 오늘도 행복하다. 진심으로.

내게도
친구가 생길까요?

아들이 여섯 살 때 일이다. 동네에 있는 키즈카페를 갔다. 신이 난 아들은 기분이 좋을 때 취하는 행동(한 손은 귀에, 다른 손은 입에 가져다 대고 "아갸갸갸"라고 외치기)을 하며 이곳저곳을 탐색했다. 그러다 또래 아이 둘 앞에 섰다. 마침 둘은 까르르 웃으며 어떤 놀이를 하고 있던 상황이었다. 친구들의 웃음소리를 듣자 같이 기분이 좋아진 아들은 가까이 있던 아이의 팔을 툭 하고 건드렸다.

"앗! 그 신호는……."

아들이 다가가 팔을 툭 하고 건드리는 건 '같이 놀자'라는 신호다. 더 정확히 말하면, '잡기 놀이를 하며 같이 놀고 싶으니 먼저 달려 나가'라는 뜻이다.

까르르 웃던 아이들은 갑자기 끼어든 아들을 보자 순간 얼음처럼 싸늘해진다. 아들의 반응을 기다린다. 같이 놀자든지 뭐를 하자든지 말을 건네야 할 타이밍에 아들이 양손을 각각 귀와 입에 가져다 대며 "아갸갸갸"라고 말한다. 그 모습을 지켜보던 아이들은 눈빛을 교환하더니 자리를 뜬다. 함께 잡기 놀이를 할 기대감에 부풀어 있던 아들은 어리둥절해한다. 아들의 눈길은 방금 전 떠난 아이 둘을 쫓고 있다. 귀와 입에 가 있던 양손이 천천히 내려온다. 다시 또 혼자다.

여태까지 아들을 키워오면서 가장 가슴이 미어졌던 순간이다. 거절을 당한 쪽은 아들인데 송곳은 내 심장으로 파고들었다. 지금도 그때의 아들 눈빛이 잊히지 않는다.

미취학 아이들의 사회성이라는 건 어제 같이 놀다가도 오늘은 안 놀기도 할 정도로 들쭉날쭉해서 딸이 같은 상황이었다면 별생각 없이 넘어갔을 터였다. 하지만 그날 아들의 모습을 보며 난 '아…… 앞으로 평생을 저리 살아가겠구나'라는 것을 처음으로 알게 되었다.

장애가 있는 아들을 키우며 가장 고민이 되는 것 중 하나가 이 부분이다. 친구 문제. 어떻게 풀어가야 하는지 도통 감이 안 잡힌다. 보통 아이를 키우듯이 개입하지 않고 그냥 내버려두면 될까? 아니면 환경을 만들어주어야 할까? 아직도 나는 시행착오를 거듭하고 있다.

> 거절을 당한 쪽은 아들인데
> 송곳은 내 심장으로 파고들었다.

아들은 '친구' 개념이 없다. 아니, 정확히 말하면 친구에 대해 무관심하다. 어린이집과 유치원, 학교 등 또래 친구들과 함께 지내는 공간에서도 아들은 친구들과 이렇다 할 상호작용을 하지 않는다.

아들은 정말 친구에게 무관심한 것일까? 여기저기 알아보다 한국지적장애인협회 사이트에 가보았다. 협회 설명에 따르면 지적장애인 가운데 친구 관계에서 여러 차례 상처를 받아 실패감과 위축감을 느껴 새로운 친구를 만들려는 도전 자체를 포기해버리는 아이들도 있다고 한다. 우리 아들도 그런 것일까? 말을 하지 않으니 알 수가 없다.

혹시 아들이 어른들과 보내는 시간이 많아서 또래 친구들과는 상호작용이 안 되는 것일까? 아들을 둘러싼 인간관계를 곰곰이 생각해봤다. 아들에게 안전한 모든 관계는 여자 어른들로 구성돼 있다. 가장 좋아하는 건 엄마, 다음이 양가 할머니, 그다음이 학교와 치료실의 선생님들, 마지막이 아빠와 누나다. 아빠는 뽀뽀를 너무 세게 해서(심지어 침까지 묻힌다) 싫고, 누나는 엄마의 사랑을 나눠야 하는 경쟁 상대라 싫다. 하지만 친구에게는 별 관심을 보이지 않는 아들도 또래들이 많이 모이는 곳은 좋아한다. 상호작용을 하는 이들은 안전한 어른들인데 실제로는 상호작용을 하지 않는 또래들을 좋아하는 것이다.

나는 아들이 좋아하는, 또래들이 함께하는 환경을 만들어주기 위해 방안을 모색했다. 가장 쉬운 건 쌍둥이인 딸의 교우관계를 이용하는 것이었다. 아이 둘을 서로 다른 유치원에 입학시키고 나서 나는 열혈 학부모가 되어 딸 친구 엄마들과 네트워크를 구축하는 데 많은 정성을 쏟았다. 같은 어린이집 출신 엄마들끼리 먼저 모임을 만들었고 이후 같은 반 엄마들을 끌어들여 모임을 확대했다. 자주 밥도 먹고, 가끔씩은 밤에 만나 술도 한 잔씩 마시고, 여러 가족이 모여 계곡에 놀러도 갔다. 딸 친구들의 생일 잔치에도 빠지지 않고 참석했고, 딸의 생일 잔치도 키즈카페를 통째로 빌려 엄마들은 물론 아빠들까지 초대하는 등 정성을 쏟았다. "부모들끼리 친해져야 아이들도 친구가 된다"라는 말을 여기저기서 주워들었기 때문이다.

맞는 말이기도 했다. 엄마들끼리 친하면 아이들도 자주 어울릴 수밖에 없었다. 그러면서 아들은 딸의 인간관계 안에 자연스럽게 녹아 들어갔다. 딸 친구의 엄마들이 아들을 받아들이니, 딸 친구들도 자연스럽게 아들을 받아들였다. 나이는 동갑이지만 태어날 때 죽었다가 살아나서 아직도 마음이 두 살인 '어린 사람'으로 받아들여졌다. 이러한 분위기에 만족하고 있었기에 나는 아들만의 사회적 관계를 만들어주는 노력을 따로 하지 않았다.

시간이 흘러 아이들이 초등학교에 입학했다. 나는 딸에게 동생을 돌보는 부담을 주지 않으려고 두 아이를 서로 다른 초등학교에 입학시켰다. 3월이 되니 학부모총회가 열린다는 연락이 온다. 하필이면 두 학교의 총회가 같은 날 같은 시간이다.

어느 학교를 가야 하나, 하루 정도 고민하다가 결국은 딸의 학교를 택했다. 아들 학교에서는 엄마들끼리 친해진다고 해서 아이들까지 친해진다고 장담할 수 없었다. 비장애 아이들이 장애가 있는 친구를 받아들일까를 생각하니 확신이 생기지 않았던 것이다. 하지만 딸의 학교에 가서 엄마들끼리 친해지면 아이들끼리도 친해질 터였다. 그 틈에 아들도 누나의 친구들과 함께 놀 기회를 얻게 될 것이다. 그래서 나는 딸 학교 학부모총회에 참석을 했다.

이건 실수였다. 초등학생이 되자 아이들은 스스로 친구를 선택하기 시작했고 엄마들끼리 친하면 그냥 엄마들끼리만 따로 만났다. 엄마들끼리 친하다고 아이들도 친해지는 건 아니었다. 그렇다 보니 아들이 누나의 친구 관계 안에 슬쩍 끼어들 틈이 없었다. 게다가 아들도 유치원이 아닌 학교라는 교육기관에 입학을 한 만큼 내가 먼저 반 엄마들에게 아들에 대해 양해를 구하고 이해를 시키는 과정이 필요했다. 그것을 몰랐던 난 그 과정을 생략해버렸다.

4월이 되어서야 아차, 하고는 아들 반 엄마들에게 내 소개를 했다. "안녕하세요. 제가 동환이 엄마예요." 뒤늦게라도 만회하고자 차 한 잔 하는 자리와 술자리에도 나갔지만 그런다고 아들까지 받아들여지지는 않았다. 나와는 개인적으로 만나 차를 마시는 일은 있어도 반 친구들의 모임에 아들이 초대되는 일은 없었다.

거절당할까
두려워서

어느 날 아들과 키즈카페를 갔다. 딸은 슬슬 키즈카페가 시시해질 나이가 되었지만 마음이 어린 아들에겐 아직도 키즈카페가 천국이나 다름없다. 아들은 트램펄린 타는 걸 좋아한다. 방방 뛰면서 공중을 나는 듯한 감각을 느끼는 게 좋은가 보다. 그렇게 좋아하는 트램펄린장 안으로 또래 아이들이 들어온다. 4학년쯤 되어 보이는 누나 두 명이다.

아들은 또래 중에서도 한두 살 많은 형 누나 무리를 가장 좋아한다. 자기보다 작고 어린 동생들은 시시하다고 느끼는데 형 누나들은 힘도 세고 행동도 날렵해서인 것 같다. 어쨌든 누나들이 등장하자 아들의 기분이 붕 뜨는 게 느껴진다. 눈빛이 반짝이더니 더 힘차게 발을 구르며 뛴다.

이전 같으면 그렇게 좋아하는 또래들 옆에 가서 잡기 놀이를 하자며 손으로 팔을 툭 건드려봤을 법도 한데 이번엔 눈으로만 따라갈 뿐 한 번도 같이 놀자는 신호를 보내지 않는다. 마치 또래들과 한 공간에 있는 것 자체로만 만족하고 혼자만의 방어막에 둘러싸여 있기라도 한 듯 행동한다. 하지만 누나들이 밖으로 나가면 따라서 쫓아 나가고 누나들이 안으로 들어오면 다시 따라서 들어온다. 누나들의 뒤를 졸졸 따라는 다니는데 같이 놀자고는 안 한다. 팔을 건드리지도 않고 옆에 다가가지도 않는다. 같이 놀자는 의사 표현을 할 용기 자체를 잃은 느낌이랄까?

나는 그동안 아들이 친구에 큰 관심이 없는 줄 알았다. 물론 친구라는 개념이 제대로 서 있지 않아서 친구와 놀이를 함께 한다는 게 아직은 이 아이에게 어려운 일이다. 하지만 어쩌면, 단지 관심이 없어서가 아니라 나도 모르는 새에 아들이 '거절당하는 두려움'을 알아버린 건 아닐까 하는 생각도 얼핏 든다.

장애 아이를 키우는 선배 엄마들이 말한다. 우리 아이들이 대체적으로 인지 능력이 낮아서 초등학교 저학년 때까지는 친구라는 개념을 잘 모르고 산다고. 그런데 고학년으로 갈수록 친구를 찾고 그리워하게 된다고. 선배 엄마들이라고 뾰족한 수가 있는 건 아니었다. 열이면 열 저마다 다른 방식으로 아이를 키우며 시행착오에 부딪힌다. 정답은 없다.

누군가는 아줌마 네트워크 구축에 총력을 기울인다. 예전의 나처럼 엄마들과 먼저 친해지고 나서 장애가 있는 자식을 그 무리의 일원으로 받아들여지게 한다. 누군가는 다양한 동아리 활동을 통해 그 안에서 장애인에게 호의적인 비장애인 친구들을 접할 기회를 만들어준다. 하지만 엄마가 더 많은 상처를 받아 마음의 문을 닫아버리는 경우도 있다. 바깥 외출도 거의 하지 않고 놀이터를 가더라도 사람이 없는 늦은 시간에만 골라 나간다.

나? 나는 어찌할까. 어찌 보면 나 역시 친구 관계에서는 마음의 문을 닫게 된 쪽일지도 모르겠다. 당시 1년 넘게 일반 학교에 아이를 보내면서 '우리 아들이 비장애 아이들 세계에서 친구라는 이름으로 받아들여지는 일은 없겠구나'라고 생각하게 되었다.

나에게는 위로와 공감의 손을 내밀어준 엄마들도 정작 반 아이들의 모임이 있을 때는 우리 아들을 부르지 않았다. 반 친구들도 아들을 잘 챙겨주긴 했지만 친구 관계를 형성하기보다는 돌봐줘야 할 작은 동물처럼 대했다. 체육관으로 이동할 때는 손을 잡고 함께 걸어주지만 딱지치기나 역할놀이를 할 때는 아들을 끼워주지 않는다.

4, 5학년을 넘어가면 친구를 찾게 된다고 해서 그때쯤 특수학교로 아들을 전학시킬까 고민을 했었다. 일반 학교에서 친구를 사귈 수 없다면 특수학교에 가서 비슷한 정신연령의 아이들과 친구 관계를 맺을 수 있지 않을까 기대했기 때문이다. 거부당할 두려움 없는 안전한 환경에서 자라게 하고 싶어서였다. 아이

> 인생의 어려운 고비마다 코코아 한 잔을
> 앞에 두고 위로받을 수 있는 그런 친구 하나쯤은
> 만들 수 있을까?

의 발달 상황에 따라 시기는 더 빨라지거나 늦어질 수도 있겠지만 막 친구를 찾고 그리워하기 시작할 때쯤, 또래 친구를 만들어 주기 위해 전학을 가는 게 옳으리라 생각했다.

친구. 친구란 무엇일까? 나는 20대까지 친구들과 소주로 병나발을 불며 사랑에 울고 인생을 논하는 재미로 살았다. 불혹을 넘어가니 친구들과 맛있는 음식점을 찾아다니며 남편 험담하는 재미가 쏠쏠하다.

우리 아들도 그런 친구를 만들 수 있을까? 인생의 어려운 고비마다 코코아 한 잔을 앞에 두고 위로받을 수 있는 그런 친구 하나쯤은 만들 수 있을까? 특수학교에 가면 비슷한 아이들끼리 친구 관계를 형성할 수 있는 것일까?

아, 친구를 만들기 위해선 일단 말부터 해야겠구나. "아갸갸갸"라고 말하면 "어겨겨겨"라고 대답할 친구가 있을지도 모르겠으나 그래도 일단 말은 해야지. 그래야 더 폭넓게 친구를 사귈 수 있을 테니. 가자! 아들! 오늘도 언어치료가 기다리고 있다. 고고!

사람 노릇을 위한
수업료

아들은 네 살 때 지적장애 판정을 받았다. 워낙 정신줄 놓고 살던 때라 그 시절은 사실 기억이 잘 나지 않는다. 하지만 더 클 때까지 지켜보자던 대학병원 의사로부터 "아깝게 됐네"라는 말을 들은 뒤 우리 아들은 다른 아이들처럼 자랄 수 없음을 알게 되었다.

잘 나지도 않는 기억을 되살려 당시를 회상해본다. '좀 느린 아이'에서 '진짜 장애인'이 됐다. 어느 정도 각오는 했지만 실제로 내 자식에게 장애가 있다는 걸 의사에게 공식적으로 판정받는 순간의 충격은 대단했다. 마음은 심연으로 가라앉는데 정신은 하나도 없었다. 무엇보다 마음이 조급했다. 이제 진짜 장애인이 되었는데 앞으로 무엇을 해야 하는지, 어디를 가서 어떤 치료들을 받아야 하는지 막막했다.

아이의 발달이 늦었기 때문에 생후 13개월부터 먼 거리의 대학병원을 다니며 재활치료와 작업치료를 받고 있었는데 아이가 진짜 장애인이 되어버렸으니 집에서 가까운 병원부터 물색해야 했다. 치료에 보다 집중하기 위해서였다.

수소문해서 대학 선배에게 전화를 걸었다. 두 다리 건너 선배가 자폐증이 있는 아들을 키운다는 얘기를 들었던 터였다. 대학때 얼굴만 몇 번 스쳤던 후배가 15년 만에 전화를 했는데도 선배는 세심히 많은 것을 알려주었다. 내 이야기를 듣자마자 선배는 "엄마 잘못이 아니야!"라고 외쳤다. 선배의 말은 큰 위로가 되었지만, 그 뒤 선배가 쏟아내는 말들은 가슴을 묵직하게 눌렀다. 이거야 원, '발달장애 월드'에 입문하니 받아야 할 치료의 종류가 산더미다. 언어, 작업(감각통합), 놀이, 재활, 인지, 심리, 음악, 체육 등 치료의 종류는 끝이 없었다.

한숨을 쉬는 내게 선배는 이렇게 말했다.

"장애 아이 엄마들 사이에 그런 말이 있어. 한 달에 1백만 원을 투자하면 아이가 성인이 되어도 서너 살 수준의 학습 능력밖에 못 갖지만, 2백만 원 이상씩 투자하면 초등학교 3, 4학년 수준까지는 올라갈 수 있다고. 3, 4학년만 돼도 한글 읽을 줄 알고 더하기 빼기 다 할 수 있으니 사람 구실을 하며 살 수 있다는 거지."

마흔 살임에도 세 살 아기의 모습으로 사는 자식을 남겨놓고서는 마음 편히 눈을 감을 수 없다. 자식 걱정에 무덤에서 벌떡 일어나길 밥 먹듯 할 게 뻔하다. 그래. 3학년 수준만 돼도 괜찮겠다. 초록불에 횡단보도 건너고, 배고프면 라면이라도 끓여 먹고, 세탁기도 돌리고, 보일러도 틀 수 있게 하려면 3학년 수준 달성을 목표로 잡고 아이 치료에 매달리자! 이제부턴 허리띠를 졸라매야지. 외식도, 여행도, 문화생활도 당분간은 안녕이다. 내 인생의 봄날이 이렇게 가는구나. 찬란했던 젊은 날이여, 굿바이 짜이찌엔.

이후 나는 집에서 가까운 치료실마다 대기 신청을 걸어놓고 순서가 되어 연락이 올 때마다 냅다 아이를 등록시켜 각종 치료를 받게 했다. 아들 앞으로 매달 1백만 원을 쓰는 건 우스운 일이었다. 나라에서 특수교육이 필요한 아이들에게 발급해주는 '희망e든 카드'는 소득수준에 따라 0~8만 원을 내면 월 22만 원의 치료비를 지원받을 수 있었다. 그 밖의 다른 치료 비용은 모두 본인 부담이었다.

내가 보기엔 바닥에 누워 짜증만 부리다 장난감 몇 개에 눈길 한 번씩 주었을 뿐인데 30분이 금세 지나가곤 했다. 치료가 끝나고 집으로 돌아올 때면 나는 아들에게 말하곤 했다. "오구오구 우리 아들, 오늘도 8만 원을 허공에 날리고 왔어요? 오늘도 치료실 전기세 내주고 왔어요?"

교통비 부담도 상당했다. 셔틀버스를 운행하는 치료실은 거의 없었다. 하는 수 없이 대중교통을 이용해야 했는데 나는 부득이하게 택시를 타고 다녀야만 했다. 버스나 지하철을 타면 치료실까지 많이 걸어야 했는데 걷기 싫어하는 아들이 바닥에 주저앉아 난리를 피우곤 했기 때문이다. 집에서 A치료실까지, A치료실에서 B치료실까지, B치료실에서 집까지, 택시를 하루 세 번 타면 그 금액도 만만치 않았다. 장애인 콜택시를 타는 방법도 있지만, 지적장애 2급 판정을 받은 우리 아들은 이용할 수 없었다. 장애 종류와 등급별로 받을 수 있는 서비스가 다르기 때문이다.

교통비에 들어가는 금액을 최소화하기 위해 치료 일정도 몰아서 짜곤 했다. 예를 들어 월요일 오전 10시에 A병원 2층에서 언어치료를 30분 동안 받고 나면, 10시 30분에 같은 병원 5층에서 심리치료를 받을 수 있도록 일정을 짰다. 심리치료가 끝나고 나면 30분 동안 기저귀도 갈고 간식도 먹인 뒤 11시 30분으로 잡혀 있는 감각통합치료를 위해 택시를 잡아 이동했다.

그렇게 치료를 몰아서 해야 오후에는 놀이터를 가든, 키즈카페를 가든 다른 활동을 할 시간이 생겼다. 요일에 따라 치료 횟수와 과목의 일정이 모두 달랐기 때문에 엄마인 나는 언제나 정신을 바짝 차리고 있어야 했다.

유치원에 입학을 하고 나서부터는 모든 치료를 오후에 몰아서 하기 위해 다시 일정을 조정해야 했다. 오전에는 유치원이나 학교에 가고 오후에는 치료실을 전전하면 하루가 후딱 지나가곤 했다. 잠시 한숨 돌릴 여유도 없었다.

치료만큼
중요한 세상 공부

어쨌든 그렇게 여러 곳을 전전하는 혹독한 집중 치료는 아이가 유치원을 다닐 때까지 이어졌다. 그러다 아이가 여섯 살을 넘기면서부터 생각이 조금씩 바뀌기 시작했다. 치료실에 다니는 것만이 능사가 아님을 깨달은 것이다.

아이가 여섯 살이던 해 여름, 구청 앞마당에서 어린이대잔치를 한다는 소식을 듣고 아이들을 데리고 갔다. 마당에는 야외 풀장과 미니 바이킹, 회전목마 등 아기자기한 놀이기구가 마련돼 있었다. 오후가 되자 풀장에서 신나게 물놀이를 하던 아이들이 지친 기색을 보인다. 미니 바이킹을 타러 가자고 하니 순순히 따라 나선다. 어른은 탈 수 없으니 딸에게 아들을 잘 보라고 단단히 일렀다. 동생이 운행 중간에 자리에서 일어나려 하면 온몸으로 막으라고 했다.

자. 출발이다. 앞으로 슝. 다시 뒤로 슝. 이번엔 좀 더 멀리 앞으로 슈우웅. 다시 뒤로 슈우웅.

난생처음 접해보는 낯선 감각에 아들이 화들짝 놀란다. 하지만 이내 뭔가 야릇하고 오묘한 느낌, 공중에 몸이 뜨는 듯 배꼽이 간질간질한 느낌에 푹 빠져든다. 바이킹이 앞에서 뒤로, 또 뒤에서 앞으로 움직일 때마다 아들은 내가 처음 보는 표정을 짓는다. 웃음이 나긴 하는데 자기도 어쩔 줄 몰라 입이 막 벌어지는 그런 종류의 웃음이다.

바이킹이 주는 낯선 감각이 너무나 좋았던 아들은 바이킹 쪽으로 내 옷을 잡아당겼고 이후로도 여섯 번을 더 탔다. 그날 저녁 집에 돌아와 바이킹 탈 때 찍었던 사진들을 자세히 봤다. 그러면서 6년간 아들을 키운 내가 처음으로 접하는 표정들을 사진 속에서 만났다. 많은 생각이 들었다.

언어치료, 놀이치료, 심리치료, 작업치료(감각통합), 재활치료, 음악치료……. 지금까지 받을 수 있는 치료는 다 받으러 다니며 아이의 정신적·육체적 기능이 좋아지기를 바랐다. 말도 하고, 마음이 안정돼 문제 행동도 사라지고, 정교한 손놀림을 할 수 있도록 소근육의 기능도 향상되고, 대근육을 사용하는 운동 능력도 좋아지고, 무엇보다 다른 사람들과 상호 소통이 가능한 아이로 성장하길 기대했다. 이 모든 치료를 받은 이유는 아이를 위해서였다. 비록 누워만 있다 오고, 짜증만 부리다 오고, 잠을 자다 오는 한이 있어도 치료실만은 빠지지 않고 부지런히 다니기 위해 노력했다. 그래야 사람 노릇을 할 수 있을 줄 알았다.

그런데 이날 사진들을 가만히 바라보면서 인식의 전환을 할 수 있었다. 어차피 아들은 치료실 안이 아니라 치료실 밖 사회 속에서 살아 나가야 한다는 생각이 처음으로 든 것이다. 치료실을 많이 다니는 것만이 정답이라는 닫힌 사고에서 벗어날 수 있었다. 사회에서 겪을 수 있는 다양한 일을 부모와 함께 미리 경험해보는 것이 아이한테는 그 어떤 치료보다 더 좋을 수도 있음을 깨달았다.

물론 기능 향상을 위해 치료실을 다니는 것도 중요하지만 가끔은 치료를 빼먹고 인사동 나들이를 하고, 덕수궁 돌담길을 걷고, 공연을 보러 다니고, 지하철과 버스 여행을 하는 게 좋다는 걸 깨닫게 된 것이다.

이제부터라도 그렇게 살아야지. 나는 다짐을 했다. 여러 치료실에 돈을 많이 갖다 바치는 걸로 위안을 삼거나, 치료 지상주의에 물들어 무리하면서까지 좋다는 치료는 모두 찾아다니는 그런 엄마는 되지 말아야지.

이런 심정을 SNS에 올렸더니 아들의 작업치료를 맡고 있는 선생님이 "어머니 글에 공감합니다"라는 글을 남겼다. 자신도 종종 그런 생각이 든다는 것이다. 장애 아이들이 앞으로 살아 나갈 사회는 치료실이나 학교처럼 주의 깊게 설정된 환경도 아니고, 이해하고 기다려주는 어른이 늘 대기하고 있는 곳도 아닌데, 어떻게 하는 게 아이들에게 더 도움이 될까를 치료사의 입장에서도 늘 고민한다는 내용이었다.

> 어차피 아들은 치료실 안이 아니라
> 치료실 밖 사회 속에서 살아 나가야 한다.

이러한 깨달음을 얻은 후 지금은 예전에 비해 여유롭다 할 정도로 치료 횟수와 과목을 줄였다. 초등학생이 되어 '학교'라는 공간에서 받는 스트레스만 해도 만만치 않을 것이기에 부담을 줄여주려는 의도도 있었다. 언어치료는 주 4회에서 주 3회로 횟수를 줄였고 재활치료와 심리치료, 작업치료와 놀이치료는 중단하는 대신 음악치료는 계속하고 물리치료를 새로 시작했다.

그 덕에 시간은 여유로워졌고 우리는 전보다 더 부지런한 가족이 되었다. 주말마다 계획을 세워 여기저기 돌아다니고 평일에도 짬이 나면 어디든 간다. 전시회도 가고, 공연도 보러 가고, 물놀이장과 극장도 다닌다. 인사동도 가고, 삼청동도 가고, 이태원과 홍대도 가서 이것저것 구경하며 걸어 다닌다. 갈 곳이 없을 땐 대형 마트나 서점에 가서 하루를 보내기도 일상다반사다.

무엇보다 좋은 건 치료비를 줄이니 외식비가 대폭 늘어났다는 점이다. 저녁 한 끼 안 차리고 외식 핑계로 시내에 나가 콧바람을 쐬는 건 즐거운 일이다. 그러다 보니 내 마음이 먼저 행복해졌다. 엄마와 아내가 행복해지니 가정에도 평화가 찾아왔다. 아들도 더 행복해 보였다. 외출이라곤 치료실만 다니던 때보다 짜증이 줄었고, 집 밖을 나가 세상 속에서 만물을 보며 걸어 다니는 재미도 조금이나마 알게 되었다.

한 달 2백만 원 이상은 투자해야 자식이 사람 구실을 한다고 했다. 어쩌면 정말로 그럴지도 모르겠다. 내가 안 가본 길이니 장담할 수가 없다. 하지만 난 치료 과목 수를 줄이고 더 많이 돌아다니는 걸 택한 지금의 방식을 후회하지 않는다. 적어도 아들이 더 행복해졌다는 건 알고 있으니까.

* 2013년 기준 한 달에 1~2백만 원이던 치료비는 2020년 이후 4~5백만 원이 되었다.

대치동 학원 경쟁 뺨치는
치료실 전쟁

사교육의 메카로 불리는 대치동 학원가. 아이를 유명한 학원에 입학시키기 위한 경쟁이 살벌하다고 알려져 있다. 주변을 통해 이런저런 얘기를 전해 듣는다. 대치동 엄마들은 어쩌고저쩌고. 그런 얘기를 들으면 나는 코웃음을 친다. 거드름이라도 피울 듯 몸을 뒤로 빼고 한쪽 팔을 의자에 걸친 채 느릿한 어조로 말을 꺼낸다.

"대치동 엄마들? 흥! 그 정도는 아무것도 아냐. 대치동 엄마들보다 더한 입시(?)경쟁에 시달리는 게 바로 우리 장애 아이 엄마들이랑께!"

그렇다. 원하는 치료를 받기 위한 장애 아이들의 치료실 경쟁은 그야말로 전쟁을 방불케 한다. 대치동 학원가 입시경쟁이 아무리 치열한들 3백 대 1, 5백 대 1까지야 가겠는가? 기본적으로 2년 이상은 대기해야 입학 가능한 학원이 있으면 손 한번 들어 보시라! 서울 내 명문대학이나 미국 MBA 유학을 보내려는 게 아니다. 혼자 밥 먹고 옷 입고 도구를 사용하는 법, 말하는 법을 배우기 위한 치료실인데 입학 경쟁이 너무나 치열하다.

장애 아이들 치료 기관은 병원, 복지관이나 정부 지원 센터, 사설 치료실 등 크게 세 가지로 분류할 수 있다. 모든 치료 기관마다 대기자가 넘쳐난다.

그중 으뜸은 작업치료다. 대대수 장애 아이들이 받아야 할 필수 코스이면서도 문턱이 가장 높다. 작업치료란 일상생활의 활동을 돕기 위한 치료다. 예를 들어 우리 아들은 손가락 소근육이 발달하지 못해 숟가락이나 연필을 제대로 쥐지 못하는데 작업치료는 마치 놀이와도 같은 세밀한 작업을 통해 손가락 소근육의 기능을 향상시키는 것이다.

작업치료는 특수교육의 기본이라 할 수 있기에 거의 모든 치료 기관에서 이 과정을 운영한다. 하지만 여러 기관 중에서 엄마들은 병원에서 받는 치료를 가장 선호한다. 건강보험이 적용되어 치료비가 적게 들기 때문이다.

30분짜리 수업 1회당 작업치료 수업비가 병원은 만 원도 안 되지만, 복지관은 3만 원 안팎, 사설 치료실은 4~9만 원이다. 치료는 한 번씩만 받는 게 아니라 같은 과목을 적어도 일주일에

혼자 밥 먹고 옷 입고 도구를 사용하는 법,
말하는 법을 배우기 위한 치료실인데
입학 경쟁이 너무나 치열하다.

2, 3회 이상은 받아야 한다. 연속성이 중요하기 때문이다. 발달 장애가 있는 아이들은 배우는 대로 스펀지처럼 빨아들이는 게 아니라 배우고 멈추고 또 배우고 퇴행하고를 반복한단다. 그렇기 때문에 배웠던 것을 잊어버리지 않고 완전히 몸에 배게 하려면 연속적인 반복 훈련이 매우 중요하다.

아들은 재활병원에서 주 3회 작업치료를 받았는데 건강보험의 혜택을 받아 매달 8만 원 정도를 치료비로 냈다. 하지만 같은 과목을 사설 치료실에서 받게 되면 금액은 껑충 뛴다. 1회 수업에 4만 원씩이니 주 3회면 12만 원, 한 달이면 48만 원을 내야 하는 것이다. 재활병원에서 치료를 받을 때와 사설 치료실에서 수업을 받을 때의 금액 차이가 여섯 배나 나는 셈이다.

병원에서 받는 작업치료가 중요한 또 하나의 이유는 그곳에서는 감각통합치료를 받을 수 있기 때문이다. 감각통합은 작업치료의 한 과정인데, 배에서 일어나는 소화불량 같은 게 뇌에서 일어나 감각 체계가 제대로 작동하지 못하는 장애 아이들의 감각 훈련을 도와주는 치료란다.

보통 사람들은 평범한 아동기를 거치며 자연스럽게 감각(시각, 청각, 후각, 미각, 촉각)이 통합되지만, 우리 아들처럼 감각에 문제를 겪는 발달장애 아이들은 그게 잘 안 된단다. 특정한 감각이 극도로 예민해지거나 둔해지기도 하고, 외부의 감각을 처리하는 기능이 제대로 작동을 하지 않아 신체 내부에서 여러 감각이 뒤엉켜 혼돈 상태가 되기도 한단다.

감각이란 것은 외부 사물을 당연하게 느끼게 해주는 도구인 줄로만 알았는데, 그것이 제대로 작동을 하지 않아 신체 내부에서 오히려 혼란과 불안을 일으킨다니……. 겪어보지 못한 나로서는 상상도 안 되는 일이다. 우리 아들은 가끔 머리를 좌우로 흔들면서 제자리 뛰기를 하는데 이것 역시 자기 감각을 불러일으키려는 '상동행동(일정한 기간 동안 같은 행동을 반복하는 행동)'이라고 한다.

어쨌든 감각통합치료를 하려면 특수 기구가 맞춤 설계된 감각통합실이 필요한데 일반적인 사설 치료실이나 복지관에서는 감각통합실을 찾기가 쉽지 않다. 감각통합실을 꾸리기 위한 초기 투자비가 많이 들기 때문에 일반적인 수준의 작업치료만 진행하는 경우가 많다.

이렇게 여건이 제대로 갖추어지지 않은 상황이라 병원에서 감각통합치료를 받으려면 기본적으로 2년 이상의 기다림을 견뎌내야 한다. 우리 아들은 세 살 때 A병원에 감각통합 수업 신청서를 넣은 뒤 2년을 기다려 다섯 살에야 감각통합 수업을 받을 수 있었다. 그러나 여러 환자를 받아야 하는 병원 사정상 '외래 환자의 치료 기간은 2년'으로 못 박은 규정 때문에 일곱 살이 되자 퇴소를 해야 했다. 그리고 치료가 끝난 날부터 다시 신청서를 넣고 지금 2년 넘게 기다리고 있다. 작년에 병원에 전화해 문의하니 2년을 넘게 기다렸는데도 아직도 대기 순번이 199번이란다. 앞으로도 2년 이상은 더 기다려야 한다는 얘기다.

물론 급하면 급한 대로 방법이 없는 것은 아니다. 사설 치료실 중에서 감각통합 수업을 진행하는 곳을 찾으면 되는데 이동 거리나 금액이 큰 부담이 된다. 30분 수업에 4만 원씩 한 달 열두 번, 40분 수업에 5만 원씩 한 달 열두 번, 50분 수업에 9만 원씩 한 달 여덟 번의 수업료를 내기가 쉽지 않은 것이다. 다른 과목 치료도 받아야 하기 때문이다.

정신과 영역에서 감각통합치료를 실행하는 병원을 찾는 방법도 있다. 그런 병원에 가서 치료를 받으면 대기 시간이 그리 길지는 않다. 짧게는 몇 달 정도만 기다리면 된다. 다만 똑같은 환경에서 똑같은 치료를 받는데도 재활과 영역에선 건강보험 적용을 받던 감각통합 수업이 정신과 영역에선 받을 수 없어 1회 치료비로 4, 5만 원을 혼자 부담해야 한다.

치료실 경쟁은 작업치료에서만 일어나는 게 아니다. 전 영역에 걸쳐 고루 나타난다. 건강보험이 적용되는 작업치료가 유난할 뿐 언어, 놀이, 심리, 인지, 재활, 음악치료 등 모든 영역에서 몇 달, 몇 년씩 대기해야 한다.

수요는 느는데
공급은 제자리

엄마 아빠에게 돈 쓰는 즐거움을 알려주고 싶었던 아들은 돌이 갓 지난 두 살부터 치료실을 전전하기 시작했다. 당시는 아이에게 장애가 있다는 생각을 하지 못했다. 단순히 다른 아이들보다 발달 속도가 느리다고만 생각했다. 다만 느려도 너무 느렸다. 돌이 될 때까지 뒤집기도 못했다. 남들보다 큰 머리가 문제였다.

언젠가 텔레비전에 대두 카페 회원들이 나온 걸 본 적이 있는데 가입 조건이 머리 둘레 60센티미터 이상이었다. 우리 아들은 돌 즈음에 이미 머리 둘레가 57센티미터였다. 보통 이맘때 아이들의 머리 둘레는 50센티미터도 안 된다. 10킬로그램 남짓한 작은 몸뚱이에 큰 머리를 달고 있으니 신체 움직임이 느릴 수밖에 없었다. 사람들은 말한다. "아…… 머리가 커서 장애가 왔나 봐요." "노노. 아니에요. 머리가 큰 건 그냥 집안 유전이에요. 남편도 머리가 커요. 대두." 그 말을 들은 사람들의 표정이란.

어쨌든 큰 머리가 무거워 자신의 힘으로 몸을 편하게 움직일 수 없었던 아들은 생후 13개월부터 대학병원에서 재활치료와 작업치료를 받기 시작했다. 2년이 지난 후 아이가 '벽 잡고 걷기'

까지 성공하자 병원에서는 퇴소를 권했다. 다음 단계인 '계단 오르기'로 넘어가야 하는데 아이가 계단을 오를 마음이 전혀 없어서 치료가 제자리걸음이었기 때문이다.

마침 그때쯤 아들은 장애 판정을 받았다. 단순히 발달이 늦은 아이에서 진짜 장애인이 된 것이다. 바야흐로 본격적인 치료실 전쟁의 서막이 올랐다. 2년 동안 치료를 받던 대학병원과는 작별을 고했다. 본격적으로 아이 치료에 매달려야 했으므로 집에서 가까운 치료실부터 뒤지기 시작했다.

가장 중점을 둔 과목은 언어치료였다. 네 살이 되어도 옹알이만 했기 때문에 마음이 조급했다. '어눌하더라도 말을 해야 사람 구실을 하고 살지'란 생각에 A병원과 사설 치료실, 두 곳에서 언어치료를 병행하고 복지관의 대기자 명단에 아이 이름을 올려놓았다.

사설 치료실 수업료는 바우처 카드를 일부 사용하고, 나머지 금액은 본인 부담금으로 냈다. A병원에선 언어치료조차도 1년 이상을 대기한 다음에 간신히 받게 되었고 여기에서는 1회 치료에 4만 원씩, 한 달에 32만 원을 고스란히 냈다.

언어치료를 받는 기간은 1년, 2년 계속 늘어가는데 아들은 뜻 모를 외계어만 계속해서 중얼중얼한다. 사설 치료실에 대한 불만이 쌓여가던 중 복지관에서 순서가 되었다는 연락이 왔다. 옳다구나 하고 옮겼다. 그런데 복지관에 왔더니 담당 선생님이 너 이유는 자명하다.
공급이 수요를 따라가지 못하기 때문이다.

무나 잘 가르친다. 이전의 사설 치료실에서는 아이가 누워 있으면 누워 있다고, 짜증을 내면 짜증을 낸다고 수업을 못하는 날이 많았는데 복지관 선생님은 아이를 잘 달래가면서 흥미를 유도하고 의사소통 방법을 가르치며 발화를 연습시킨다. 일주일에 두 번 받는 복지관 언어치료를 세 번으로 늘리고 싶었지만 자리가 나지 않아 주야장천 기다리다 2년이 지난 작년 초에야 간신히 비는 시간이 생겨 한 자리 더 구할 수 있었다.

일일이 다 나열할 수는 없지만 그동안 아들이 받아온 모든 치료가 비슷한 과정을 겪었다. 작업치료와 언어치료 외에 재활, 심리, 놀이, 음악 치료 등도 시기별로 병행했는데 그때마다 몇 달, 몇 년간의 기다림은 필수 코스였다.

왜 이런 일이 생기는 걸까? 이유는 자명하다. 공급이 수요를 따라가지 못하기 때문이다. 발달장애 아동의 수는 꾸준히 늘어가고 있는데 우리나라는 특수교육 기반을 확충해야 한다는 절실한 국민적 공감대와 사회적 인식이 턱없이 부족하기만 하다.

일단 치료를 받을 곳이 부족하니 아이들이 제때 치료를 받을 수 없어 오랜 시간 기다려야 하는 치명적인 문제가 있다. 그나마 수도권은 사정이 나은 편이다. 지방, 오지로 갈수록 치료실 찾기는 하늘의 별 따기다. 아이들의 치료를 위해 매일 왕복 몇 시간 되는 거리를 오가는 엄마들도 심심찮게 볼 수 있다. 그렇다 보니 말도 제대로 못하는 장애 아이의 부모들이 대치동 학원가 뺨치는 치료실 입학 경쟁에 골머리를 앓게 된 것이다.

언제쯤이면 대기하는 시간 없이 치료가 필요한 장애 아이들이 제때, 제대로 된 치료를 받을 수 있을까? 언제쯤이면 작업치료만이 아닌 모든 치료에 건강보험 혜택이 적용될까? 10년 뒤에는 가능할까? 아니 20년 뒤에는 가능할까?

아이에게 장애가 있는지를 일찍 발견할 수 있는 발달검사 시스템이 동네 병원마다 잘 갖춰져 있고, 장애 확진 판정을 받으면 기다릴 필요 없이 집과 가까운 곳에서 모든 필요한 치료를 받을 수 있기를, 아이의 치료비를 대느라 가정경제가 휘청거리지 않아도 되기를, 멀지 않은 미래의 대한민국이 그런 복지 시스템을 갖출 수 있기를 바라본다.

너의 인생에서는
1인자로 살아가길

"나도 장애인으로 태어났으면 좋았을 텐데……."

딸의 입에서 느닷없이 이런 말이 나올 때가 있다. 어떤 심정에서 한 말인지 다 알면서도 나는 말문이 콱 막힌다. 오히려 딸을 야단친다.

"왜 그런 소리를 해! 너까지 그러면 엄마는 못 살아! 안 살아!"

비장애 형제자매들만이 느끼는 아픔이 있다. 고충이 있다. 부모는 낳은 죄라도 있지, 이 아이들의 죄는 무엇일까? 그저 태어났을 뿐인데 형제자매가 장애인이라는 이유로 부모의 눈은 언제나 다른 곳을 향하고 있다.

아이들 초등학교 입학을 고민하던 때로 거슬러 올라간다. 엄마 입장에서 처음 경험하는 초등학생 뒷바라지를 하려면 같은 학교에 보내는 게 편했지만 그러면 딸의 부담이 커질 것 같았다.

'그래. 너는 너만의 인생을 살거라' 하는 마음으로 딸은 A초등학교에, 아들은 B초등학교에 입학시켰다.

학기 초 내 정신은 툭 하면 안드로메다로 날아가곤 했다. 등하교 시간도, 매일 챙겨야 하는 준비물도 달랐다. 딸의 알림장을 준비하지 않아 담임이 주택공사에서 나눠준 알림장을 보낸 적도 있고, 아들을 교실에 들여보내고 나서야 책가방을 안 가져온 것을 깨닫기도 했다.

전쟁 같은 3월이 지나고 4월, 학부모 상담 주간이 왔다. 딸의 담임 선생님을 만나 반갑게 인사하고 자리에 앉았다. 그리고 나는 첫 마디를 꺼냈다.

"수인이는요. 태어나면서 지금까지 항상 2인자로 살아왔어요."

그 한마디를 하자마자 가슴속에서 울컥함이 치민다. 눈물이 나오려 한다. 아 창피해라. 선생님 앞에서 이 무슨 청승일꼬.

2인자. 비장애 형제자매들의 현실을 가장 잘 나타내는 말이다. 그들이 보기에 부모의 관심은 언제나 장애가 있는 형제자매의 몫이다. 반면 양보는 언제나 자신들의 몫이다. 이 얼마나 부당한 관계란 말인가! 부모의 관심을 빼앗기는 것도 모자라 매사에 모든 것을 이해하고 양보하며 살아야 하는 존재라니.

> 그저 태어났을 뿐인데 형제자매가
> 장애인이라는 이유로 부모의 눈은
> 언제나 다른 곳을 향하고 있다.

우리 집도 마찬가지다. 아니 더하면 더했지 덜하진 않았다. 임신 28주 5일에 조산을 해서 두 달간 인큐베이터에 있었던 쌍둥이인데 이상하게도 처음부터 아들에게 더 눈이 갔다. 혹시 아들 지상주의냐고? 아니다. 우리 부부는 언제나 딸을 원했다. "공주 같은 딸이 예쁘지, 시꺼먼 사내 새끼를 어디다 써먹어"라는 게 우리 부부의 공통된 생각이었다.

아이들이 퇴원을 하고 본격적으로 육아를 시작했는데도 마찬가지였다. 왜 자꾸 시꺼먼 아들한테 더 눈이 가는 걸까? 이렇게 작고 예쁜 딸이 바로 옆에 있는데.

이를 두고 누군가는 말했다. 그건 아들이 살려고 그런 거라고. 맞는 말인 것 같다. 장애인으로 살게 될 팔자를 알았는지 버림받지 않기 위해 부모의 관심을 사로잡는, 귀여움이라는 무기를 장착하고 나온 것만 같았다.

어릴 때는 나도 모르게 관심을 더 주었다 해도 돌 즈음부터는 필요에 의해 아들에게 더 관심을 기울일 수밖에 없었다. 딸은 이미 말을 하기 시작하고 뒤뚱뒤뚱 걷는데 아들은 혼자서 뒤집기도 못했기 때문이다. 손이 많이 갈 수밖에 없었다. 이후로도 계속해서 아들은 불가피하게 엄마 손길을 독차지했다.

그러는 동안 딸은 혼자 크다시피 했다. 엄마가 동생을 데리고 치료실에 가 있는 동안 자기는 할머니 집에 맡겨졌다. 동생은 아직까지도 엄마가 밥을 먹여주는데 자기는 숟가락질을 하면서부터 혼자 밥을 먹었다. 양치질도, 옷 입기도 마찬가지다. 그뿐만 아니다. 엄마 아빠는 매사에 동생 편만 든다. 자기가 먼저 갖고 놀던 장난감이라 해도 동생이 와서 뺏으면 엄마는 동생한테 잠깐 주라고 한다. 그러고선 괜히 미안한 마음에 엄마는 지겨운 변명만 늘어놓는다. "동환이한테는 장난감을 갖고 노는 것도 공부라서 그래."

아빠도 다르지 않다. 자기가 보던 책을 동생이 와서 뺏어 가는데도 아빠는 동생 편을 든다. 동생을 혼내지 않는다. 그저 책 읽는 흉내를 내는 게 기특한 듯 오히려 웃으며 바라본다. 이 세상에 내 편은 아무도 없는 것 같다.

매번 동생에게 양보하고 도와주라고만 하니 참다못한 어느 날 딸은 폭발하고 만다. "나도 똑같이 어린아이인데 왜 맨날 동환이만 어리다고 그래! 나도 아직 어린데!"라며 엉엉 운다. 딸이 울면서 외치는 소리를 듣는 순간 내 가슴은 송곳으로 콕콕 찔리는 것만 같다. 미안함과 죄책감에 가슴속은 쓰라린 염산이 쓰나미처럼 쏴아악 몰려오는 듯 아리기만 하다.

잘 크고 있어
고맙다

장애 아이를 키운 선배 엄마들이 가끔 이런 조언을 한다. 장애인 자식은 기를 쓰고 키워봐야 거기서 거기라고. 장애인 자식에 대해선 어느 정도 마음을 내려놓고 비장애 형제자매에게 더 많은 관심을 가지라고. 장애인 자식을 조금이라도 더 사람 노릇 하게 만들려고 애쓰다가 정작 비장애인 자식을 망칠 수도 있다고 말이다.

실제로 내가 아는 한 엄마는 발달장애 아들을 위해 모든 것을 쏟아부었다가 비장애인 딸이 엇나가는 바람에 마음고생을 많이 했다. 부모의 관심은 늘 동생에게 쏠려 있다. 어렸을 때부터 쌓인 애정결핍과 원망이 사춘기가 되면서 터져버린 것이다. 그 아이는 부모에게 쏟아내야 할 모든 분노를 또래 친구들에게 토해내기 시작했다. 날카로운 공격성을 띠고 말이다. 그 모습을 옆에서 지켜본 나는 장난감을 뺏어 가는 동생에게 "평생 동안 너를 용서하지 않을 거야!"라고 외치는 딸이 걱정되기 시작했다.

딸도 놀이치료나 심리치료를 받게 해야 할까? 아들은 인간으로서 살아갈 기본 기술을 터득하기 위해 놀이치료를 받고 심리치료를 받는다. 하지만 딸은 마음의 안정을 위해 어른들이 상담실을 찾듯 치료실에 데리고 가야 할까? 사실 아들이 다녔던 사설 치료실에는 어린 나이에 마음의 병을 앓고 있는 비장애 아이들이 종종 엄마 손을 붙잡고 들어오곤 했다. 우리 딸도 그래야 할까?

이런저런 고민을 하고 있는데 마침 복지관에 '비장애 형제자매 심리운동 참여자 모집' 공고가 붙었다. 여기서 말하는 심리운동이란 정서적인 안정감을 찾고 자존감을 향상시키기 위해 실시하는 다양한 놀이나 활동 등을 말한다. 나는 비장애 형제자매를 위한 프로그램 개설 소식에 눈이 번쩍 뜨였다. 복지관에서는 장애인 가족을 위해 다양한 심리 프로그램을 운영하는데, 잘 활용하면 큰 도움을 받을 수 있다.

구체적으로 알아보기 위해 사회복지사와 상담을 했고 의외의 말을 들었다. 이런저런 에피소드를 전해 들은 사회복지사는 딸이 매우 건강한 상태라고 판정했다. 비장애 형제자매 중에서 딸처럼 자신의 마음을 잘 표현하는 아이가 건강한 것이라는 말도 덧붙였다.

나도 장애인이 되었으면 좋겠다는 말은 '엄마, 나한테도 관심을 가져줘'라는 마음의 표현이고, 동생을 향해 '평생 용서하지 않겠다'라고 한 것은 아무리 미워도 동생이 평생 함께해야 할 가족이라는 인식이 자리 잡혀 있는 증거라고 한다. 많은 아이들이 힘들게 고생하는 부모와 장애인 형제자매를 보며 스스로 참는 방법을 택한다고 한다. 참고 참고 또 참다 보면 정작 자신의 속내를 표현하지 못한 채 자존감이 낮고 무기력한 어른으로 성장하게 된다고 한다. 그런 아이들이 많다고 한다.

조금이나마 위로가 된다. 그리고 지금 잘 커가고 있는 딸에게도 고맙다.

모든 것에 양가성이 있다는 말은 진리다. 우리 딸은 일찍부터 혼자 밥 먹고, 혼자 옷 입고, 혼자 놀아야 하는 대신 주체성 있는 어린이로 자랐다. 받아쓰기도, 일기도, 독서록도 혼자서 쓰고 공부도 혼자서 할 줄 아는 어린이가 되었다.

내 손발이 아들에게 묶여 함께 놀아주지 못한 대신 귀는 열어 놓고 딸의 쫑알거림을 들어주었더니 딸은 자기 표현력이 좋은 아이로 성장하게 되었다. 부모가 자신의 말을 경청해주자 딸은 밖에 나가서도 손을 번쩍번쩍 들며 적극적으로 의사 표현을 하는 똑순이가 되었다.

딸은 한글을 깨친 유치원 때부터 스스로 책을 집어 들기 시작했다. 내가 바빠 그동안 책을 읽어준 횟수가 스무 번도 안 되었기 때문일까? 아침에 눈 떠서 밤에 잠들기 전까지 언제나 손에서 책이 떠나지 않는다. 그렇다 보니 내가 딸에게 가장 많이 하는 잔소리가 "책 좀 그만 봐"이다. 동네 엄마들은 부럽다고 아우성이다. 그러고는 집에 돌아가 자식들을 혼낸다고 한다. "아이고 이 화상아! 수인이는 책을 너무 많이 봐서 엄마한테 혼난다더라" 하면서.

태어나 지금까지 항상 2인자로 살아야만 했던 우리 딸, 아마

> 이 아이는 대인관계에서 '틀림'이 아닌
> '다름'을 인정할 줄 알고, 보다 넓은 마음으로
> 주변을 포용할 줄 아는 성인이 될 것이다.

앞으로도 어쩔 수 없이 많은 날들을 그렇게 살아야 할지도 모르는 우리 딸. 하지만 장애가 있는 형제자매 때문에 남들과는 다른 경험을 하며 살아가는 대신 이 아이는 일반 가정에서 자란 아이들보다 더 이타적이고 주변을 돌볼 줄 아는 어른으로 자라게 될 것이다. 딸은 지금도 학교생활에 어려움을 겪는 친구가 있으면 정서적으로 먼저 반응을 하고 그 친구를 자신만의 방법으로 도와주려고 한다. 멋있고 잘 나가는 친구에게 끌리는 게 아니라 보다 작고 도움이 필요한 친구들에게 먼저 관심을 기울인다.

이 아이는 대인관계에서 '틀림'이 아닌 '다름'을 인정할 줄 알고, 보다 넓은 마음으로 주변을 포용할 줄 아는 성인이 될 것이다. 장애인 동생은 틀린 사람이 아니라 나와는 다른 사람일 뿐이라는 걸 이미 삶 속에서 경험으로 알게 되었기 때문이다.

그리고 이 아이는 스스로 커야 했던 아픔을 이겨낸 만큼 주체성 있게 자신의 인생을 설계해 나가는 멋진 어른이 될 것이다. 자신의 인생을 스스로 개척해 나가는 '진짜 어른'이 될 것이다.

나는 딸이 비록 집에서는 어쩔 수 없이 2인자지만 자신의 인생에서는 1인자이자 주인공이라는 사실을 깨달았으면 좋겠다.

물론 그런 희망을 품고 있는 내가 더욱 노력해야 한다.

이 세상의 모든 비장애 형제자매들에게 하고 싶은 얘기가 있다. 부모는 '낳은 죄'가 있다. 그것은 부모 된 자의 업보다. 하지만 너희들은 '태어난 죄'밖에 없다. 그러므로 너희들은 아무런 죄가 없다. 그러니 평범한 가정에서 자란 아이들보다 더욱더 행복하고 더욱더 당당하게 살았으면 좋겠다. 그것이 모든 장애 아이 부모들의 똑같은 소원일 것이다.

장애등급 심사에
이의를 제기합니다

작년에 있었던 일이다. 아들을 데리고 병원에 갔다. 장애등급 재심사 검사 결과를 듣기 위해서였다. 지적장애 2등급인 아들은 이리 보고 저리 봐도 1등급이 분명했다. 말 한마디 못하고, 기저귀를 차고, 두세 살 된 아이들과 똑같은 행동을 했다.

1등급이 분명한 아들은 1등급을 받아야 했다. 2학년이 되면서 장애인 활동보조인 제도를 이용하려고 준비했기 때문이다. 활동 보조인 제도란 나라에서 만 7세가 지난 장애 아이들에게 활동보조인을 파견해주는 제도를 말한다. 장애 이해 교육을 받은 활동보조인이 집으로 찾아와 장애인을 돌봐주는 서비스다. 장애 등급이 높을수록 서비스 사용 시간을 많이 배정받기 때문에 나는 아들의 상태에 맞는 시간을 정당하게 배정받고 싶었다. 지적장애 1등급 아이는 2등급보다 월 20시간을 더 배정받는다. 하루에 한 시간씩 활동보조인의 도움을 더 받는 셈이다.

그래서 2주 전에 병원에서 장애등급 재심사 검사를 받았던 터였다. 결과를 듣기 위해 느긋한 마음으로 들어간 진료실. 그런데 의사가 예상 밖의 이야기를 꺼낸다.

"동환이가 또 2등급이 나왔네요."

이어지는 의사의 설명. 사회성 지수는 20점대로 1등급 영역에 속하지만, 지능지수 점수가 37점이 나와 2등급이 되었단다. 참고로 지능지수가 35점 미만이어야 1등급이다.

"2점 차이로 아깝게 됐네요."

5, 6년 전 처음으로 장애등급 심사를 받았을 때 일이 떠오른다. 그때도 비슷한 상황이었다. 사회성이 좋다는 이유로 2등급을 받았더랬다. 1등급과는 3점 차이였다. 그때는 3점이, 지금은 2점이 초과되어 1등급이 분명한 아이가 2등급 장애인으로 살아야 하는 것이다.

의사의 설명이 이어질수록 검사 결과를 받아들이기가 힘들었다. 아들은 장애등급 진단을 위해 지능검사(K-WISC-III), 시지각검사(VMI), 적응능력검사(SMS), 문제행동검사(CBCL 1.5-5), 사회적의사소통 설문지검사(SCQ), 이렇게 네 종류의 검사를 받았다.

먼저 시지각검사 결과 아들의 시각운동 통합 발달 수준은 2세

11개월 아이보다 낮은 수준이란다. 적응능력검사 결과 아들의 적응능력은 실제 연령대 아이보다 5년 10개월이 늦은 1세 6개월 수준이란다. 돌아오는 명절에 외할머니 댁에 가면 자신보다 한참 어린 사촌동생을 '누나'라고 불러야 할 판이다. 문제행동검사 결과 아들은 위축, 주의집중력, 공격, 기타 문제 등으로 인해 (사회) 적응의 어려움이 예견된단다. 사회적의사소통 설문지검사 결과 아들은 총 27점을 받았는데, 이는 자폐스펙트럼장애(ASD) 수준에 해당한다고 한다.

일단 여기까지의 검사 결과를 보면 의심의 여지 없이 1등급이다. 하지만 문제는 지능검사에서 나왔다.

먼저 상식, 산수, 어휘, 이해 등의 영역에서 아들은 환산 점수가 1~4에 속해 '지체' 수준을 받았다. 오케이. 넘어가고, 다음. 동작성 영역 검사에서도 환산 점수 1로 '지체' 수준을 받았다. 오케이. 다음. 아들의 시각운동 통합 발달은 2세 11개월 아이보다 낮은 수준이며 이를 실제 연령으로 나누는 시지각 통합 지수(VMI)는 산출이 불가했다. 오케이. 이것도 인정.

그런데 언어성 영역이 의아했다. 논리적·추상적 사고력(공통성)이 환산 점수 6으로 '경계성' 수준이란 판정을 받은 것이다. '경계성'이란 장애인과 비장애인 사이에 있는 어정쩡한 영역을 의미한다. 경계성 장애인도 장애인이긴 하지만 인지와 행동이 좀 느린 비장애인으로서, 보통 사람들과 크게 다르지 않는 삶을

> 1등급이 분명한 아이는 정당하게 1등급을 받고,
> 그에 따른 복지 혜택을 받는 게 당연하다.

영위할 수 있다. 아이가 경계성 장애인으로 성장하는 게 많은 발달장애 아이 엄마들의 소원이라면 소원이랄까?

어쨌든 아들은 언어성 지능검사에서 '경계성' 진단을 받았는데 나는 이에 대해 이의를 제기했다. 왜냐하면 아들은 말을 한마디도 하지 못하며, 말귀를 알아듣는 언어 수용 능력은 두 돌 된 아이 수준에도 미치지 못하기 때문이다. 수건을 가져오라고 하면 화장실 불을 끄고, 방에 들어가라고 하면 거실 소파에 가서 앉았다.

무엇보다 아들은 착석이 되지 않아 검사를 원활히 받을 수 없었다. 설령 착석이 되었다 해도 아이큐 검사를 진행할 정도의 기본적인 인지 능력조차 갖추고 있지 않아 검사가 제대로 진행될 수 없었다. 검사 평가지에도 "모든 검사에서 의미 있는 수행이 불가능했다"라고 검사관의 소견이 명시돼 있었다.

나는 검사를 했던 병원에 자세한 설명을 요구했다. 당시 검사를 진행했던 임상심리사로부터 연락이 왔다. 그에 따르면, 아이들을 0번부터 100번까지 줄을 세웠을 때 우리 아들처럼 검사를 하지 못해 맨 앞인 0번에 해당하는 아이라도 만 7세 때는 전체 평균을 내서 점수를 6점으로 환산한단다. 장애 아이들의 평균인

거냐고 물으니 아니라며 뭐라고 설명을 하는데 처음 듣는 용어들이라 명확히 알아들을 수는 없었다.

하지만 확실히 알아들은 내용이 있었다. 우리 아들은 0번이지만 우리 아들의 점수인 0점이 아닌 평균 어쩌고 하는 남의 점수로 6점을 내서 점수가 높아져버린 것이다. 그건 확실하게 알아들었다.

나는 화가 났다. 1등급이 분명한 아이는 정당하게 1등급을 받고, 그에 따른 복지 혜택을 받는 게 당연하다. 그게 장애 아이인 내 아들이 정당한 자신의 권리를 찾는 일이다.

어디서부터 잘못되었나

나는 의사에게 도대체 왜 이런 일이 발생하느냐고 물었다. 내 아이의 지능이 아닌 점수로 내 아이의 지능 점수를 내서 높은 장애 등급을 받을 수 없게 하는 이런 검사 방식이 왜 쓰이게 되었는지 물었다. 검사가 어디서부터 잘못된 것인지 알고 싶었다.

검사지에 문제가 있는 건지, 검사 기준이 문제인지, 더 나아가 보건복지부나 국민연금공단에서 관리하는 장애인 심사 제도에 문제가 있는 건지 알고 싶다고 했다. 원인을 알고 문제를 제기하고 싶다고 하자 의사가 말한다.

"선의를 탄핵으로 갚네요."

내 목소리가 격앙돼 그리 들렸나 싶어 사과를 했다.

"의사 선생님한테 화를 내는 게 아니에요. 다만 검사 결과를 받아들일 수가 없어서 그래요. 너무 부당하잖아요. 알고 싶어요. 무엇이 문제인지, 제도의 문제인지 아닌지, 제도의 문제라면 무엇을 고쳐야 하는지."

집에 돌아와 생각하니 뒤늦게 의사의 말에 화가 치민다. 무엇인지는 잘 모르겠지만 의사가 나와 아들에게 베풀어준 선의가 분명 있을 터였다. 하지만 난 분명 의사에게 화를 내는 게 아니라고 했다. 어디서부터 잘못된 건지 알고 싶다고 물었을 뿐인데 탄핵으로 되갚는다는 말을 들었다.

왜 질문을 탄핵으로 받아들인 걸까? 의문이 들었다. 장애등급 평가란 정해진 기준에 따라 누구나 같은 출발선상에서 검사를 받는 게 아니었던가? 검사 결과에 따른 절대평가 점수로 장애등급을 매기고 의사는 그 결과를 부모에게 통보해주는 역할만 하는 게 아니었던가?

장애등급 평가에 이의를 제기한다면 의사 자신이 아닌 검사지나 시스템 자체에 문제를 제기한다는 걸 뻔히 알고 있을 텐데 왜 의사는 그것을 자신에 대한 탄핵으로 받아들였을까? 혹시 장애등급 평가를 내리는 데 의사의 개인 판단이 중요하게 작용하는 것일까? 의사의 개인 소견에 따라 같은 아이라도 전혀 다른 등급을 받게 되는 것일까?

그 길로 국민연금공단 장애인심사팀에 전화를 걸었다. 혹시 국민연금에서 장애 1등급을 많이 준 병원에 경고를 주는 내부 규정이 있는 것인지 물었다. 복지 예산을 한 푼이라도 아끼려고 1등급 장애인 수를 줄이려 하는 건 아닌지, 왜 1등급을 받아야 하는 아이에게 1등급을 안 주기 위해 남의 평균을 가져다가 내 아이의 점수로 둔갑시켜 총점을 올리는 것인지 물었다

전화를 받은 국민연금공단 직원은 내가 묻는 모든 질문에 그렇지 않다는 대답만 반복한다. 그런 규정 같은 건 없다고 말한다. 하지만 "지금 하는 그 말에 목숨을 걸 수 있겠어요?"라는 내 말에 1초쯤 늦게 살짝 기어들어가는 목소리로 대답한 게 아직도 의심스럽다. 영 믿음이 가지 않는다.

어쨌든 아들은 재심사에서도 2등급을 받았고 나는 국민연금공단에 등급 조정 신청서를 냈다. 아들을 매일 마주하는 모든 치료사들로부터 아들의 인지와 행동이 1등급 장애인에 해당한다는 소견서도 받아 함께 제출했다. 하지만 조정 신청 결과 역시 2등급 판정. 국민연금공단에서는 내 아들을 보지도 않고 책상에 앉아 서류만 확인하고 다시 2등급 확정 판결을 내린 것이다.

예전에는 싸움닭이 되어가는 장애 아이 엄마들을 볼 때면 그냥 안타깝기만 했다. '저렇게 싸워가며 살지 않아도 되는데……'라고도 생각했었다. '나는 저렇게 되지 말아야지'라고도 생각했

> 내 아이가 장애인이라는 이유로
> 나는 투사가 되어야 하고 싸움닭이 되어야만 한다.

었다. 장애 아이를 키우는 삶이 보통 엄마들보다 몇 배는 힘들어도 늘 밝고 행복하게, 샤랄라한 느낌으로 살고 싶었다.

하지만 그건 애초부터 넘보지 못할 목표였고, 나와는 거리가 먼 삶의 방식이었나 보다.

내 아이가 장애인이라는 이유로 나는 투사가 되어야 하고 싸움닭이 되어야만 한다. 말도 못하고 자기 의사를 제대로 표현하지 못하는 자식을 대신해 엄마인 내가 싸움닭이 되어 내 아이의 권리를 당당히 요구해야 한다. 가만히 있으면 가마니로 보고 보자보자 하면 보자기로 본다더니 장애인 인권이라는 게 딱 그렇다.

그래. 싸우기로 했으면 제대로 하자. 나는 그냥 싸움닭이 아니다. 토실토실 살이 오른 뚱뚱한 싸움닭이다. 팔뚝도 굵고 다리도 튼튼하다. 가끔은 힘으로 남편을 이기기도 한다. 상대가 누구든, 무엇이든. 절대 지지 않겠다!

* 2019년 장애등급제 폐지 이후 장애인은 장애 정도가 심한 장애인(중증)과 심하지 않은 장애인(경증)으로 나뉜다.

"죄송합니다" 대신
"안녕하세요"

아들이 초등학교 1학년 때의 일이다. 사건사고 많던 1학기를 끝내고 학교생활에 무사히 적응해 2학기를 잘 보내고 있던 어느 날, 같은 반 엄마들이 교육부에 우리 아들을 퇴학 처리 해달라는 진정 움직임을 보이고 있다는 이야기를 전해 들었다.

학년 초, 학교라는 새로운 환경에 적응하지 못하고 부정적인 감정이 치밀 때마다 옆의 친구를 할퀴곤 했던 행동이 문제가 되었다. 아들의 할퀴는 행동은 엄마들 입을 타고 소문이 점점 부풀어 올랐다. 소문이 돌고 돌아 내 귀에 들어왔을 때 우리 아들은 이미 무찔러야 할 괴물쯤으로 둔갑돼 있었다.

아들의 공격 행동은 어찌해야 좋을지 모를 정도로 난감한 문제였다. 초등학교에 갓 입학한 3월, 나는 매일 아침 교실에 아들을 들여보내고 하교 시간 5분 전부터 복도에서 대기하다 종소리가 울리면 아이를 데리고 나왔다. 어떤 날은 담임 선생님에게, 어떤 날은 특수반 선생님에게 그날그날 아들이 학교에서 한 일을 전해 들었다. 입학하고 며칠 동안은 수업 시간에 착석을 잘했는지 여부가 주된 화제였다. 나는 선생님들 입에서 무슨 말이 나오든 "감사합니다. 감사합니다"라는 말만 되풀이했다.

착석이 가능해져서 한결 마음을 놓자마자 새로운 문제가 발생했다. 바로 할퀴기였다. "동환이가 오늘 누구 팔을 할퀴었어요." 누군가를 할퀴었다는 얘기를 들을 때마다 가슴이 철렁 내려앉았다. 매일 조마조마한 마음으로 학교를 보냈고 2, 3일에 한 번씩 별로 자라지도 않은 아이의 손톱을 바짝 깎았다.

친구를 할퀴는 것은 아주 심각한 문제였다. 차라리 자해를 하는 게 나았다. 나는 아들이 옆에 앉은 친구를 할퀴었다는 얘기를 듣는 날이면 그 아이의 엄마에게 연락을 해 고개 숙여 사과를 했다. "죄송합니다. 죄송합니다. 진심으로 죄송합니다."

학교에서도 할퀴는 행동에 대한 엄격한 훈육이 이루어졌다. 친구를 할퀴는 일이 몇 번 반복되자 담임 선생님도 특수반 선생님도 아들이 언제 어떤 상황에서 손톱을 세우려 하는지 감을 잡았다. 일이 발생하기 전 "안 돼!"라고 단호하게 말해서 제어를 했고, 일이 발생하고 나서는 복도 옆 교사 휴게실로 데리고 가 혼을 냈다.

아들도 학교에 적응해 나가고, 교사들도 아들의 공격 행동을 방지하기 위해 노력을 이어가면서 할퀴는 행동은 눈에 띄게 줄었다. 하지만 몇 달 동안 할퀴는 행동이 안 보여 '아, 이제 완전히 사라졌나 보다' 하면 아들은 엄마한테 방심하지 말라는 메시지를 전하기라도 하는 듯 선생님 콧잔등을 할퀴기도 했다.

일반적으로 할퀴는 행동은 '문제 행동'으로 받아들여진다. 하지만 발달장애가 있는 아이들에게 할퀴는 행동은 부적응 행동(정서적으로 불안정한 상태에서 발생하는 문제 행동)이다. 그것이 정확한 표현이다. 말을 하지도 못하고 잘 알아듣지도 못하니 상황이 이해가 안 되고, 요구 사항이 있는데 주변 사람들과 소통이 안 되니 몸짓으로 자신의 부정적인 마음을 전달하는 것이다. 말그대로 부적응 행동이기 때문에 학기 초가 지나 반복되는 학교 생활에 적응하면서 문제를 일으키는 부적응 행동은 현저히 줄어들기 시작했다. 비록 가끔 튀어나오기는 했지만.

아들에게 필요한 건 시간이다. 집에서 편하게 지내는 방학이 지나고 새롭게 시작된 학교생활에 적응하기까지의 시간. 그래서 개학을 하는 3월과 9월이면 아들의 부적응 행동이 최고조에 이르렀고, 어느 정도 적응을 한 4월과 10월 이후부터 이러한 문제가 차츰 줄어들었다. 그러다 학기가 끝나가는 7월과 12월 즈음엔 이보다 더 착한 어린이가 없다 싶을 만큼 호전되었는데 딱 그럴 때쯤 방학을 했다. 그리고 개학을 하면 다시 처음으로 돌아갔다.

초등학생이 되니 모든 게 달라졌다.
아이들의 태도도, 엄마들의 관용도,
차원이 달라졌다.

　나는 아들의 이러한 적응 흐름을 유치원 때 처음 발견했다. 아들이 다녔던 병설유치원은 초등학교들과 방학 기간이 같았다. 하지만 유치원 시절과 다르게 초등학교 1학년 때가 유난히 힘들었던 이유는 아들의 부적응 행동을 바라보는 주변의 차가운 시선 때문이었다.

　유치원 때야 너나 할 것 없이 어린아이라 장애인과 비장애인의 차이가 크지 않다. 내 아들이나 남의 아들이나 똑같이 소리도 지르고 옆의 친구도 때린다. 그러나 초등학생이 되니 모든 게 달라졌다. 아이들의 태도도, 엄마들의 관용도, 차원이 달라졌다.

　아이를 처음 학교에 입학시킨 1학년 엄마들은 학교 일에 관심이 많다. 작은 일에도 두 귀를 쫑긋 세운다. 이 엄마를 만나고 저 엄마를 만나는데 같은 얘기가 들려온다.

　"얘기 들었어? 동환이가 오늘 누구를 할퀴었대." "어머 정말? 지난주에는 누구 팔을 할퀴었다고 들었는데."

　엄마들 마음은 불안하다. 위험한 장애인이 자기 아이의 안위를 위협하는 것만 같다. 문제가 있는 아이를 전학시키거나 퇴학시켜야 하는 것 아니냐는 걱정 섞인 말들이 오간다. 교육부에 진정을 넣자는 얘기까지 나온다. 그 말이 학교 전체를 돌고 돌아 내 귀에 들어왔을 때 나는 땅을 치고 후회했다. 아들을 괴물로 둔갑시킨 데는 나도 한몫을 했다는 생각이 늘었기 때문이다.

왜 나는 고개 숙인
죄인으로 지냈을까

처음 겪는 초등학교 생활인데 아들은 자꾸 친구들을 할퀸다. 죄인이 된 나는 반 엄마들을 만날 때마다 "죄송합니다. 미안합니다"라는 말만 계속했다. 보통 엄마들끼리 만나면 "안녕하세요"라는 인사가 먼저 오가게 마련이지만 장애 아이의 엄마로 살아가는 난 "아…… 동환이랑 같은 반 엄마세요? 우리 아이 때문에 죄송합니다"라는 말이 먼저 튀어나왔다.

내 잘못이었다. 첫 번째 시행착오였다. 엄마인 내가 고개 숙인 죄인으로 지낸 것. 언제나 고개 숙인 죄인이자 저자세로 일관하는 장애 아이 엄마. 심지어 장애인에 대한 편견으로 똘똘 뭉친 한 엄마조차 "너무 그렇게 저자세로 하지 않으셔도 돼요"라고 충고할 정도였으니 말 다했다.

그런 내 행동이 같은 반 엄마들에게 어떻게 받아들여졌을까? 아이러니하게도 저자세로 일관했던 내 행동은 우리 아들을 위험 인물로 낙인찍는 데 일조를 해버렸다. 아이 엄마가 사람들을 만

날 때마다 사과부터 하고 다니니 사람들은 우리 아들을 정말 잘 못만 하는 아이로 받아들였다.

아들을 매일 등하교시키느라 교실을 드나들다 보니 다른 아이들의 면면도 다 보게 된다. 유일한 학부형으로 소풍을 따라가서 아이들과 하루를 지내보니 더욱 잘 알게 된다. 평상시 우리 아들은 비교도 안 될 정도로 말썽꾸러기인 사내아이들이 많다는 걸 말이다.

하지만 말썽꾸러기 사내아이 엄마들은 나처럼 고개 숙인 죄인으로 살지 않았다. 나만 그렇게 살았다. 내 스스로가 내 아들이 장애인이라는 사실에 너무 매몰돼 필요 이상으로 남을 의식하며 고개를 숙인 채 살았다. 그러다 보니 내 아들이 한 일만 필요 이상으로 확대 해석되었다.

두 번째 시행착오는 반 친구들과 엄마들에게 장애가 있는 우리 아들이 가진 특성을 미리 이해시키지 않은 것이다. 반 엄마들을 처음으로 만나는 3월 학부모총회 때 나는 아들이 아닌 딸의 학교 행사에 참석했다. 아들 반 엄마들에겐 4월이 되어서야 인사를 하고 얼굴을 내비쳤다. 아들에 대한 설명도 그때가 되어서야 처음으로 하게 되었다. 늦었다. 한참 늦었다. 엄마들의 마음속에 발달장애가 있는 아이에 대한 편견이 제멋대로 자리 잡도록 나 스스로 한 달 넘는 시간을 줘버린 셈이었다.

그 때문에 1년 동안 마음고생을 했다. 물론 1년이 지나고 아들도 학교생활에 적응해 부적응 행동이 많이 사라지니 주변 상황도 바뀌었다. 막연히 두렵기만 한 장애인이 아니라 그저 어린 초등학교 1학년 아이로 아들을 바라보는 엄마들도 일부 생겨났다.

1학년 생활이 모두 끝나는 종업식 다음 날 아들과 같은 반 아이의 엄마에게서 전화가 왔다. 아들에 대해 잘 모르고 무조건 자기 아이 걱정만 했던 자신을 반성한다는 얘기를 듣고 울컥 눈물이 치솟았다. 전화를 한 엄마의 아이는 유독 우리 아들을 잘 챙겼는데 그 때문에 다른 엄마들 사이에서도 심성 좋은 아이로 비춰진 모양이었다. "우리 아이가 동환이 덕을 본 것도 있는 것 같다"라는 말을 듣자 고맙기까지 했다.

초등학교 1학년 아이의 뒷바라지는 시행착오의 연속이었다. 2학년 때는 같은 실수를 되풀이하지 않으리라 다짐했다. 이런저런 일을 겪으며 비장애 아이들의 사회 속으로 어떻게 들어가야 하는지, 어떻게 다른 이들을 이해시켜야 하는지 나름의 교훈을 얻었다.

그래서 준비를 했다. 딸을 위해선 실내화 하나만 새로 장만했지만, 아들을 위해선 편지 봉투와 사탕 봉지를 서른 개씩 준비했다. 개학식 날 아들과 같은 반이 된 친구들에게 편지를 전하기 위해서였다. 1학년 겨울방학식 때는 1년을 같이 지낸 친구들에게 사탕 봉지를 돌렸다. 그때는 1년간 고마웠다는 작은 메모를 붙였다. 하지만 2학년이 시작될 땐 메모가 아닌 편지여야 한다.

편지에는 아들이 왜 장애인이 되었는지, 아들의 특성이 무엇인지 등을 자세히 쓴다. 같은 반 친구들과 엄마들에게 미리 아들이 처한 상황을 설명하고 이해시켜야 한다.

그리고 3월 학부모총회에는 아들의 학교 행사에 참석을 하기로 했다. 담임 선생님에게 미리 부탁을 해서 총회 시작하기 전 5분의 시간을 달라고 해서 반 엄마들에게 인사를 하고 아들에 대해 이해를 구하는 시간을 가질 생각이었다. 솔직하고 담담하게 말하되 전처럼 필요 이상으로 미안해하지는 않을 결심이었다.

우리 아들은 못 갈 데를 간 것이 아니다. 의무교육을 받으러 학교에 갔고 우연히 다른 아이들과 한 반이 되었을 뿐이다. 국영수 같은 주요 과목 시간에는 특수반에 내려가 있어서 비장애 아이들의 학습에도 지장을 주지 않는다.

나는 고개 숙인 죄인일 필요가 없다. 나 역시 당신들과 똑같은 반 구성원의 엄마일 뿐이다. 나는 같은 반 엄마들을 만나면 "죄송합니다"가 아닌 "안녕하세요"라는 인사를 하기로 했다. "우리 아들 때문에 피해가 많지요?"가 아닌 "오늘 급식 시간에 짜장면을 먹었나 봐요"라는 일상적인 말을 하는 것이다.

달라진 나의 태도가 아들의 학교생활을 어떻게 변화시킬지 모르겠지만 또 다른 시행착오를 겪게 되더라도 일단은 직진하기로 했다. 난 엄마이기 때문에 앞으로 나아갈 수밖에 없다. 후퇴란 없다. 고!

친구들에게

안녕. 나는 김동환이라고 해.

나는 아직 말을 할 줄 몰라서 우리 엄마가 내 마음을 대신해

편지를 쓰고 있어. 나는 2학년 4반이기도 하지만 특수반이기도

해. 특수반은 장애 아이들이 수업을 듣는 반이야.

1층에 있는 특수반 교실 본 적들 있지? 장애인은 보통 친구들과

조금 다르대. 그래서 나에 대해 미리 소개하는 게 좋을 것 같아서

편지를 쓰고 있어.

우리 엄마가 그러는데 나는 임신 7개월 만에 태어났대. 보통은

10개월 동안 엄마 배 속에 있다가 세상 밖으로 나오는데 나는 석

달이나 빨리 태어났대.

나는 엄마 배 속이 편했나 봐. 쌍둥이 누나가 먼저 세상 밖으로

나가고 나도 곧바로 뒤따라 나가야 했는데 엄마 배 속에서 안

나오고 버텼대. 누나보다 한 시간 늦게 세상 밖으로 나왔는데,

너무 늦게 나오는 바람에 머리에 뇌출혈이라는 게 왔대.

머릿속에서 피가 나는 거래. 태어나는 순간 숨도 쉬지 않았대.

죽었다가 살아났대. 대단하지? 히히. 그런데 뇌출혈이 오고,

죽었다가 살아나는 바람에 장애라는 게 왔대.

보통 사람들은 한 살 한 살 나이를 먹으면서 그 나이에 맞게

자라가는데 나는 보통 사람들보다 더 천천히 나이를 먹어간대.

내 몸은 너희들과 똑같은 아홉 살이지만, 마음속 나이는 아직 두세 살밖에 안 된 아기래. 신기하지?

이 세상에는 나처럼 마음속이 실제 나이보다 어린 사람들이 아주 많이 살고 있대. 그런 사람들을 장애인이라고 부른대. 그런데 우리 엄마는 나를 장애인이라 안 부르고 '어린왕자'라고 불러. 언제까지나 아기처럼 순수한 마음으로 살 수 있어서 '어린왕자'래.

나는 마음속이 아직 아기라서 말을 하지 못해. 친구들 이름도 못 부르고, 선생님에게 "네"라는 대답도 못해.

대신 "티어"라는 말은 아주 가끔 해. "싫어"라는 뜻이야. 아직 말을 잘 배우지 못해서 "싫어"라고 못하고 "티어"라고 하는 거야. 그리고 아기한테 수학 문제를 가르쳐주거나 애국가 가사를 알려줘도 이해하지 못하듯이, 나도 선생님과 너희들이 하는 말을 잘 이해하지 못해. 대신 "안 돼", "앉아", "가자", "밥 먹자", "물", "빵" 같은 간단한 말들은 알아들을 수 있어. 그리고 '눈치'라는 게 발달해서 학교생활을 할 수 있대. '눈치'가 뭔지 잘 모르는 친구들은 집에 가서 엄마에게 물어봐.

그러니까 "동환아, 나 지나가게 길 좀 비켜줄래?"라고 말을 했는데 내가 비키지 않고 서 있다 해도 너무 서운해하거나 화를 내지는 말아줘. 일부러 못 지나가게 하려고 안 비키는 게 아니라, 그 말이 너무 어려워서 이해를 하지 못한 거야. 그런 어려운 말

대신에 내 손을 잡고 "동환아. 여기로 가자"라고 해주면 "가자"

등의 쉬운 말은 알아들을 수 있으니 길을 비켜줄 수 있어.

나는 하루에 2교시만 너희들과 같은 교실에서 수업을 받을

거래. 나한테는 국어나 수학 등이 너무 어려워서 그런 시간에는

특수반에 내려가서 수업을 받아. 특수반에 가서는 스티커

붙이기도 하고, 퍼즐도 하고, 트램펄린도 하고, 선 긋기도 해.

나한테는 그런 게 공부래. 재미있겠지?

너희들과 함께 수업을 받는 음악, 미술, 체육 시간에는 언제나

실무사 선생님이 내 옆에 있을 거야.

그리고 부끄러운 말이지만 나는 아직 쉬나 응가를 혼자서

화장실에 가서 해결하지 못해. 아기들도 혼자서 화장실에

못 가잖아. 같은 거래. 대신 쉬가 하고 싶으면 손을 바지에

가져가서 살짝 내리려는 자세를 취해. 그럼 실무사 선생님이

화장실에 데리고 가줘. 내가 그런 행동을 했을 땐 바지를 벗어서

너희들에게 내 고추를 보여주거나 그러려는 게 아니니까

놀라지들 말아줘. 알았지?

아. 그리고 나는 아직 손가락 힘이 약해서 연필도 잘 쥐지 못하고

숟가락질도 혼자서 잘 못해. 물통의 뚜껑을 열 수도 없고, 풀

붙이기도 못해. 그래서 실무사 선생님이 내 옆에서 그런 것들을

같이 해주실 거야. 나는 손가락 힘이 약해서 주먹질도 못해. 다리

근육도 잘 발달하지 못해서 공차기도 발차기도 못해.

그런데 쌍둥이 누나랑 어릴 때부터 맨날 싸우다가 나도 드디어 내
몸을 지킬 수 있는 무기를 하나 발견했어. 두근두근. 그게 뭐냐면
바로 손톱이야. 할퀴는 건 손가락 힘이 약해도 할 수 있더라.
그래서 누나랑 싸울 때 나도 내 몸을 지키기 위해 손톱으로
대항했거든. 1학년 때 몇몇 친구를 손톱으로 할퀴기도 했는데
그러다가 엄마랑 아빠, 선생님들한테 엄청 많이 혼났어.
진짜 진짜 많이 혼났어. 그렇게 혼나고 났더니 이제는 친구들을
할퀴지 않아.
하지만 3월에는 나도 새로운 2학년 생활에 적응해야 해서
많이 힘들 거야. 그렇게 힘들면 떼를 쓰다가 나도 모르게
또 친구를 할퀼 수도 있어. 우리 엄마는 내가 또 그럴까 봐
지금 엄청 떨고 있어.
그러니 내가 "티어"라고 하면서 떼를 쓰고 있을 땐 "동환이가 왜
그러는 거지?"라며 내 옆으로 다가오지 말고 그냥 멀리서 바라만
봐줘. 난 아직 마음속이 아기인 데다 말로 내 마음을 표현할
줄 몰라서 요구 사항이 있을 때 떼를 쓰기도 하거든. 그래도
떼쓰는 시간이 그리 길지는 않아. 금방 진정이 되니까 내가 다시
얌전해지고 나면 그때 다시 내 옆에 와줘.

나는 장애인이기도 하고 어린왕자이기도 해.
너희가 이전까지 알던 친구들과는 많이 다를 거야.

하지만 그렇다고 해서 내가 잘못된 건 아니야.

다를 뿐이지 틀리거나 나쁜 게 아니거든. 너희 모두가 다르듯이.

나는 내가 원해서 장애인으로 태어난 것도 아니거든.

너희들과 다르긴 하지만, 너희와는 또 다른 나를 보면서 1년간

너희들이 웃을 일도 많이 생길 거야.

나는 웃음이 많아. 애교도 많고. 기분이 좋으면 감정을 숨기지

않고 표현해.

올해에는 내가 말을 할 수 있었으면 좋겠다. 그럼 너희들과도

더 친하게 지낼 수 있을 텐데. 비록 아직은 말을 할 줄 모르고

마음속도 어린 아기이지만 그래도 1년간 잘 지냈으면 좋겠다.

우리 2학년 생활 열심히 해보자. 모두 파이팅!

동환이가

뽀뽀 꾹 참기
프로젝트

　뽀뽀하고 싶은 마음을 꾹 참아야 한다. 아무리 사랑스러워도 예뻐하는 마음을 티 내지 말아야 한다. 아들의 부적응 행동을 수정하기 위해서다. 우리 가정에 내려진 특명이다. 아무 때나 예뻐하지 않기! 잘 지켜야 할 텐데, 큰일이다.

　작년 3월에 있었던 일이다. 아이들 학교가 개학을 했다. 환경이 바뀌었다. 2학년 교실은 1학년 때 다니던 교실 바로 옆이다. 아예 다른 층에 있는 새로운 곳으로 바뀌었으면 모를까, 새 교실이 바로 옆 교실이라는 건 큰 난관이었다. 아들은 새 교실로 들어가지 않고 자꾸 1학년 때 다니던 교실로 들어가겠다고 떼를 썼다. 교실에 들어가기는커녕 아예 복도에 주저앉아 버렸다. 새로운 담임 선생님과 실무사 선생님(장애 아이들의 교내외 활동을 돕는 특수교육 보조 인력)의 혼이 쏙 빠졌다. 억지로 일으켜 세우려 하면 뒤로 발라당 누워버렸고, 온 학교가 쩌렁쩌렁 울릴 만큼 큰 소리로 울었다. 결국 실무사 선생님이 아들을 부둥켜안고 교실까지 질질 끌고 갔다.

2교시 때는 그나마 익숙한 특수반으로 내려갔다. 하지만 이곳도 방학 전 그때의 그곳이 아니다. 이전 특수반 선생님이 전근을 가고 새로운 선생님이 온 것이다. 그나마 실무사 선생님과 공익근무요원은 안 바뀌었으니 망정이지 안 그랬으면 아들은 낯선 환경 속에서 갈피를 못 잡고 더 힘든 날을 보낼 뻔했다.

새로 온 특수반 선생님은 열의가 있는 분이었다. 특수반 선생님은 첫날부터 부지런히 움직였다. 특수반 아이들이 속해 있는 일반 학급의 담임을 일일이 찾아가 상담을 하고 협조를 구했다. 이튿날부터는 학부모 개별 상담도 시작했다. 내가 제일 먼저 호출당했다. 우리 아들이 요주의 인물 1호였기 때문이다. 상담을 위해 인사를 하고 자리에 앉자 선생님은 아들을 보며 느낀 점을 담담히 털어놓는다. 알고 보니 첫날부터 특수반에서 난리를 친 모양이다. 한숨이 푹푹 났다.

그날 선생님은 자폐증이 있는 4학년 형에게 책을 읽어주었단다. 아들은 그 모습을 지켜보며 뿔이 났다. 질투심을 느낀 거다. 새로 온 선생님이 형만 챙겨준다는 생각이 들었던 거다. 달려가서 선생님에게 매달리더니 아들의 특기인 주저앉기를 시도했단다. 잠시 뒤엔 다음 단계인 드러누워 울고불기 신공을 펼쳤다. 아들을 진정시키기 위해 자세를 낮춘 선생님. 마침 그때 마구잡이로 버둥거리던 아들은 발로 선생님의 안경을 차버렸다. 휘이익 하고 공중 부양하는 안경. 다음 날 엄마가 호출당할 수밖에 없었다.

선생님은 아들이 집에서는 어떠냐고 묻는다. 생각해보니 집에서도 그렇다. 쌍둥이 누나에게 질투심을 느낀다. 하지만 집에서는 그리 큰 난동을 부리지 않는다. 사실 그럴 필요가 없다. 엄마의 관심과 시선이 늘 자신에게 꽂혀 있기 때문이다. 대신 어쩌다가 내가 딸을 안고 있으면 아들은 다가와 안겨 있는 딸을 밀어내고 내 무릎에 자기가 올라오곤 했다.

우리 아들은 사랑받는 것에 익숙한 아이다. 스스로 원해서 장애 아이로 태어난 것이 아니었기에 우리 부부는 아들이, 아들의 인생이 늘 불쌍했다. 사춘기가 되면 친구들끼리 연예인 사진을 보며 좋아하고, 대학생이 되면 불꽃같은 사랑을 하며 만남과 이별을 반복하고, 사회에 나가서는 까칠한 상사와 여우같은 동료 때문에 속도 썩고. 그러면서도 나 홀로 배낭여행을 하고 자신의 힘으로 인생을 개척해 나가는 즐거움도 느껴보고. 그러다 결혼도 하고 자식도 낳아보고.

남들 다 하는 일조차 할 수 없는 중증 장애인으로 살게 될 삶이 불쌍해서 우리 부부는 아들에게 아낌없이 사랑을 주었다. 원

> 관심은 너만의 것이 아니다.
> 사랑과 관심은 타인과 나눠야 하는 것이다.
> 사랑을 받는 데도 기다림이 필요하다.

하는 것이 있으면 특별히 위험하다고 생각되지 않는 한 모든 요구를 들어주었고, 아이가 좋아하는 일만 할 수 있도록 하루 일정을 짜곤 했다.

그러나 대부분 하고 싶은 일만 하고 자신이 우선시되는 이런 환경이 집 밖에 나가 사회생활을 하는 데 문제를 일으키면 그때부터는 환경을 바꿔야 할 필요가 있다. 부모 먼저 행동수정을 해야 한다. 행동수정이란 모든 행동에는 법칙이 존재한다고 보고 행동과 환경, 사건 간의 기능적 관계를 분석해 원리를 바꾸어주는 것을 말한다. 학교에서 하는 교육만으로는 바뀌지 않을 터였다. 집과 학교가 협력해 일관성 있게 훈육을 해야 아이가 바뀐다.

관심은 너만의 것이 아니다. 사랑과 관심은 타인과 나눠야 하는 것이다. 사랑을 받는 데도 기다림이 필요하다.

아들은 이런 것들을 배워야 했다. 이를 위해 나는 아들 앞에서 딸에게 더 많은 애정을 표현하기로 했다. 아들이 달려와 방해를 해도 '안 돼. 지금은 누나 차례야. 너는 기다려'라는 걸 인식시켜주기로 했다.

아무 때나 예뻐하지
않으리라

특수반 선생님의 또 다른 걱정거리는 아들의 언어 문제였다. 특수교사로 20년 넘게 재직하며 만난 모든 장애 아이 중에 우리 아들처럼 말 한마디 못하고 상호 소통이 안 되는 아이는 처음이라고 했다. "가장 예후가 안 좋아요"라는 말을 듣고는 가슴이 철렁했다.

문제는 '자발어'였다. '아빠', '엄마' 등의 자발어만 초등학교 입학 전에 할 줄 알아도 천천히 말문이 트일 수 있는데 우리 아들처럼 지금까지 아무 말도 하지 않으면, 말을 하려는 마음의 문을 완전히 닫아버릴 수도 있다고 한다. 그러면 평생 말을 하지 못할 수도 있다는 것이다.

헉 소리가 절로 났다. 유창하게는 아니더라도 어른이 되면 자기 요구 사항 정도는 말할 수 있으리라는 기대로 6년째 언어치료를 받고 있다. 그동안 거쳐 간 언어치료 기관만 세 곳이다.

아주 더디지만 조금씩 발전하고는 있었다. 전에는 원하는 것이 있으면 내 손을 직접 가져가 원하는 물건 위에 올려놓았는데 이제는 자기 손으로 물건을 가리키려고도 한다. "주세요"라는 말은 못하지만 양 손바닥을 포개 앞으로 내밀 줄도 알게 되었다.

선생님은 아들이 집에서도 말을 한 적이 없느냐고 묻는다. 엄밀히 말하면 없지만, 사실 있다고 볼 수도 있다. 이게 참 미스터리하다. 아들은 다른 사람의 말이나 행동을 그대로 따라 하는 모방 행동을 하지 않는다. 보통 아이들이 돌이 지나면서부터 당연하게 하는 행동인데 말이다. 말을 못하는 것도 그 때문이다. 아이들은 어른들의 말을 모방하면서 말이 늘어가는데 모방 행동을 하지 않으니 말도 따라 하지 않게 된다.

그런 아들이 다섯 살인가 여섯 살쯤 내가 하는 말을 정확하게 따라 했던 일이 있었다. 하루는 산책을 나가서 "우리 아들 재밌어?"라고 묻자 곧바로 "아들"이라고 말했다. 내 팔을 자꾸 할퀴어서 "할퀴면 안 돼"라고 했더니 "할퀴어"라고 말했다. "동환아, 이마트 가자"라고 했더니 "이마트"라고 말했다. 그런 적이 몇 번 더 있었다.

이렇게 곧바로 내 말을 정확하게 따라 할 때의 아들은 내가 알던 아들이 아니다. 평상시 나오는 아기 목소리가 아닌, 한번도 들어본 적 없는 아주 낮고 묵직한 목소리다. 작게 읊조리듯 내 말을, 마치 어려운 발음을 되뇌듯 정확하게 따라 하는 것이다. 처음 들을 땐 소름이 돋았다. 낯선 남자의 영이 빙의라도 된 것인가 생각했다. 놀란 마음을 누르며 "동환아, 지금 뭐라고 했어? 따라 한 거야? 다시 해봐"라며 앞서 말했던 단어를 열심히 들려주었는데도 아들은 언제 말을 따라 했냐는 듯 입을 다물고 딴짓을 했다.

혹시 아들이 보이는 이런 반응이 사실 말을 할 줄은 아는데 말을 할 필요가 없어서 심리적으로 문을 닫아버리고 말을 안 한다는 증후군 증상일까? 나는 겁이 났다.

어떻게 하면 되느냐고 묻자 선생님은 한 걸음씩만 더 나아가라고 한다. 물을 달라고 할 때 아이가 아무리 찡찡대도 곧바로 주지 말고 자발적인 언어 표현을 할 때까지 기다렸다 물을 주라고. 그렇게 자발적인 표현이 나오고 나서야 마음껏 예뻐해주라고 말이다. 아이가 부모 사랑을 듬뿍 받고 자란 나머지 언제나 사랑받는 게 당연하고, 말을 안 해도 사는 데 전혀 지장이 없는 아이가 되어버렸다는 얘기였다.

그런 연유로 우리 집에 특명이 내려졌다. 바른 행동을 했을 때만 예뻐해주기. 이는 언어에만 국한된 것이 아니었다.

아들은 내가 잠시 한눈을 팔 때마다 옷을 홀라당 벗어 던진다. 시원하게 알몸뚱이로 노는 게 재미있어서다. 하루에 열 번도 넘게 옷을 벗고 그때마다 나는 다시 입힌다. 이것도 일이다.

그래서 다짐을 하게 됐다. 앞으로는 아무 때나 예뻐하지 않으리라. 보고만 있어도 눈에서 하트가 뚝뚝 떨어지지만, 눈만 뜨면 바로 껴안고 뽀뽀하고 싶지만, 꾹 참았다가 자발적인 의사 표현을 하고 바른 행동을 보일 때만 보상처럼 사랑을 주기로 했다. 그럼 아이는 보상을 받기 위해 자신의 행동을 바꾸려는 마음을 먹겠지.

이런 시도를 2, 3일 해보았다. 사랑하는 마음 감추기가 세상에

사랑하는 마음 감추기가
세상에서 제일 어렵다.

서 제일 어렵다. 눈 깜짝할 새에 나도 모르게 아들을 껴안고 있고, 잠시 정신을 차려보면 아들한테 뽀뽀를 하고 있다. 남편도 마찬가지다. 자신도 모르게 아들한테 뽀뽀를 하다 화들짝 놀라며 "안 돼! 이러면 안 돼!"를 반복했다.

부모가 자식을 사랑하는 게 뭔 잘못이겠느냐마는 더 이상은 안 된다. 단호함이 필요했다. 거리두기에 나설 시기가 온 것이다. 아들을 위해서다. 선생님은 올해 안에 자발어가 나오지 않으면 평생 말을 못할 수도 있다고 했다. 아니 된다. 외마디 단어라도 좋으니 말은 하고 살아야 한다. 그래야 장애인으로 사는 삶이 손톱만큼이라도 나아질 수 있다.

일단 2학년이 가기 전에 어떻게든 "아빠", "엄마", "밥", "물", "쉬". 이렇게 다섯 단어는 끌어내보기로 했다. 집과 학교와 치료실에서 한 몸처럼 어우러져 노력하면 얼마든지 가능하리라 믿고서. 일단 뽀뽀 꾹 참기부터 시작했다. 무슨 일이든 해보는 것이다. 한번!

장애 컨설턴트가
필요한 이유

　종잣돈을 어떻게 굴려야 할지 모를 때 우리는 금융 컨설턴트를 찾아가 상담을 받는다. 법적인 자문이 필요하면 변호사, 법무사, 노무사를 찾아가면 된다. 마찬가지로 아프면 의사를 찾아가고, 보험이 필요할 땐 보험설계사를 찾는다. 그런데 평범한 삶을 살던 내가 어느 날 갑자기 불의의 사고를 당해 장애를 갖게 됐다면? 자식이 태어났는데 생각지도 못했던 장애 확진을 받았다면? 그때는 누구를 찾아가야 할까?

　기본적인 치료 방향은 의사와 상의할 수 있지만, 장애인으로 어떻게 살아가야 하는지, 어떠한 복지 혜택을 받을 수 있는지 등에 관한 문제는 일단 주민센터로 가서 상담을 받는다. 문제는 주민센터의 담당 공무원조차 아는 게 많지 않다는 것이다. 장애에 대한 전문 지식을 갖고 개인의 특성에 맞게 상담을 해줄 수 있는 '장애 컨설턴트'의 도입이 필요한 이유다.

1년 전 주민센터를 갔을 때 일이다. 해야 할 일이 많았다. 활동보조인 신청도 해야 했고, 분실한 복지카드 재발급 신청도, 장애등급 조정 신청도 해야 했다.

먼저 복지카드 재발급 신청서를 주민센터 담당자에게 제출했다. 이 서류 하나를 처리하는 데도 시간이 오래 걸린다. 시간만 오래 걸리면 그나마 다행이다. 모든 일 처리가 끝나고 나서야 필요한 서류가 있다며 증명서를 떼어 오란다. 처음부터 얘기해줬으면 기다리는 시간 동안 처리했을 텐데, 담당자도 잘 몰라서 나중에야 확인해보니 필요한 서류가 있었던 거다.

담당 공무원이 '몰라서 한 실수'는 곳곳에서 포착된다. 맨 처음 활동보조인 서비스를 주민센터에 신청하고 나면 국민연금공단에서 심사원이 나온다. 아들의 장애 정도를 직접 살피고 활동보조인의 도움 시간을 얼마나 주어야 적당할지 심사를 하기 위해서다. 이런저런 질문이 오가고 설문이 완료되자 심사원이 묻는다. "그런데 아이는 평소에 어디를 다녀요?"

일반 초등학교에 다닌다 했더니 깜짝 놀란다. 아이가 학교에 다니면 월 열 시간의 서비스를 더 받을 수 있는데 신청을 한 주민센터 공무원으로부터 아이가 학교에 다닌다는 말을 못 들었다고 한다. 학교에 다니는 아이는 내야 하는 서류가 다르기 때문에 이날 심사를 한 서류는 폐기 처분하고 다시 작성을 해야 한다. 더불어 학교에 얘기해서 재학증명서도 받아 오란다.

뭐시라고라? 처음부터 다시 해야 한다고라? 도대체 주민센터 공무원은 장애인 복지를 지원해주는 사람인지, 복지 혜택 받는 걸 방해하는 사람인지 모르겠다. 부아가 치민다.

장애등급 조정 신청도 마찬가지였다. 2점이 초과되어 지적장애 2등급으로 내려진 재심사에 불복해 국민연금공단에 장애등급 조정 신청을 넣으려던 나는 주민센터에 가서 방법을 문의했다. 담당 공무원은 장애등급 '이의' 신청을 하라며 준비해야 할 서류를 알려준다. 그간의 여러 실수도 있고 미덥지가 않아 국민연금공단에 전화해 다시 알아보니 '이의' 신청은 장애등급을 받은 지 보름 안에 해야 하는 것이고, 나 같은 경우는 '조정' 신청을 해야 한단다.

아. 나오느니 한숨뿐이다. 나는 국민연금공단에서 알려준 대로 '조정' 신청에 필요한 서류를 준비해 주민센터로 찾아갔다. 담당자에게 이런 경우엔 '이의'가 아닌 '조정'이라고 알려줬다. 활동보조인 신청 시에도 학교에 다닌다는 항목을 빠뜨리면 안 된다며 재학증명서를 내밀었다. 서류를 받은 담당자는 "제가 잘 몰라서요"라며 해맑게 웃는다.

대체 아는 게 무엇이랍니까? 주민센터 장애인 복지 담당자님들. 장애인과 관련된 사람들은 주민센터의 도움을 받아야만 하는데 당신들이 모르면 우리는 어찌하랍니까?

이뿐인 줄 아는가? 아이가 초등학교에 입학하자 지하철을 공짜로 탈 수 있는 장애인 교통카드가 발급되었다. 보호자 1인까지 무료다. 카드가 하나인데 보호자도 타려면 어떻게 해야 하는 거지? 아이 먼저 들여보낼 때 한 번 찍고 곧바로 이어서 내가 탈 때 또 한 번 찍는 건가? 카드 발급을 해준 공무원에게 물으니 자기도 모른단다.

고민을 하다가 결국 한 번 찍을 때마다 아이를 내 앞에 바짝 세워두고 둘이서 종종걸음으로 매표소를 통과하곤 했다. 그런데 아이 몸이 커지니 이젠 한 번에 둘이서 통과하는 게 만만치 않다. 그래서 다음부턴 휠체어가 다니는 큰 문을 이용했다. 한 번 찍어서 문이 활짝 열리면 아이와 내가 둘 다 편하게 들어갈 수 있어 좋았다. 나중에 알고 보니 아이와 보호자가 연이어 찍고 들어가면 된단다. 이것을 몰라서 그동안 둘이서 함께 들어갔다 휠체어 전용문도 이용했다 그 난리를 피운 것이었다.

또 있다. 처음에 활동보조인 제도를 이용하고 싶어서 주민센터에 문의 전화를 했더니 이것도 모르고 저것도 모른다는 답변뿐이다. 책을 보고 알아본 뒤 다시 연락을 주겠단다. 기다리기 힘들면 구청에 전화하란다. 그러면 더 자세히 알 수 있다고.

에휴. 목마른 놈이 우물을 파야지. 구청에 전화해서 담당자를 찾았다. 그런데 이 담당자는 너무나 잘 알고 있다. 물어보는 것마다 즉각적으로 필요한 답변을 해준다. 내가 감동해서 "와, 어떻게 이렇게 다 아세요? 주민센터는 하나도 모르던데"라고 했더니 "이해해달라"며 대신 사과를 한다.

장애인 담당이라 해서 그쪽 일만 하는 게 아니라 1년마다 혹은 2년마다 담당 과가 바뀌며 다른 업무를 맡는 거라 정책을 잘 알고 있는 이들이 많지 않단다. 인사이동을 한 뒤 인수인계가 잘 되지 않으니 본인이 책을 보며 업무를 숙지해야 하는데, 필요할 때마다 규정을 찾아가며 응대하다 보니 미숙한 부분이 있다고 한다. 자신은 몇 년 동안 보직 변경 없이 장애인 업무를 맡고 있어서 잘 알게 됐다고 한다.

문의 사항에 막힘없이 답변을 내놓는 구청 직원이었지만 그 역시 장애인 삶 전반에 관한 것은 잘 몰랐다. 그가 아는 것은 제도에 관한 지식과 필요한 관련 서류들이었다. 발달장애인의 학교생활과 성교육, 취업과 결혼, 출산과 주거 등 발달장애가 있는 사람으로서 세상을 살아가는 데 필요한 제도 밖의 지식은 충분치 않았다.

과연 장애인 전문가란 없는 것일까? 나는 딱 한 명 만나본 적

있다. 장애인 삶을 모두 꿰뚫고 있는 입지전적 인물로 복지 제도 강의를 들으러 가서 만난 강사였다. 장애인 복지 관련 업무를 하는 데다 배우자도 장애인이라 제도 밖의 다양한 정보까지 두루 섭렵하고 있는, 말 그대로 '장애인 전문가'였다.

질문할 시간이 되자 엄마들이 한꺼번에 손을 든다. 다들 각자 상황에 맞게 알고 싶은 것이 산더미였다. 시간은 한정돼 있는데 질문 세례는 계속해서 이어진다. 나 역시 묻고 싶은 게 많았지만 질문 하나로는 어림도 없을 것 같았다.

그래서 물었다. "선생님 같은 장애인 전문가에게 총체적인 상담, 그러니까 장애인 자식을 위한 인생 설계를 받을 수 있는 곳이 어디에 있나요?"

대답은 "없다"였다. 자신이 특수한 경우라 유일무이한 존재가 된 것이고 보통은 사안별로 주민센터, 구청, 국민연금공단, 복지부, 특수교육청 등에 일일이 문의해서 알아봐야 한다는 것이다.

정보의 부재,
막막한 엄마들

아이가 장애 진단을 받았을 때 가장 먼저 느낀 감정은 막막함이었다. 충격을 받고 다리에 힘이 풀렸다느니, 의사를 붙잡고 "선생님" 하고 부르짖는 건 드라마에서나 나올 법한 일이다.

뭘 어찌해야 할지 모르는 막막한 심정. 그때 장애 컨설턴트가 있었더라면 그렇게 헤매지 않았으리라. 지금이라도 장애 컨설턴트가 있다면 시행착오를 덜 겪고 아이에게 필요한 것들을 맞춤 설계 해줄 수 있으리라. 지금이 아니라 해도 장애 컨설턴트가 있다면 성인이 된 내 아이가 자립하며 살아가는 데 보다 현실적인 도움을 받을 수 있으리라.

장애 컨설턴트. 절실할 정도로 필요하다. 당연히 필요한 사람이 발로 뛰며 알아봐야 하지만 뭐가 필요한지조차 모르는 경우에는 어떻게 해야 할까? 지적장애, 자폐, 뇌병변 같은 용어조차 처음 들어보는데, 장애 아이 엄마가 된 나는 무엇을 해야 할지, 어디에 가서 어떤 도움을 받아야 할지 어떻게 알 수 있을까?

인터넷은 '정보의 바다'라고 하지만 아이의 장애를 막 알았을 때 필요한 건 광활한 '정보의 바다'가 제공하는 과잉 지식이 아닌 시의적절한 맞춤 컨설팅이다.

그렇다 보니 엄마들은 처음에 인터넷 카페에 의존한다. 그나마 유일하게 관련 정보를 모아서 볼 수 있기 때문이다. 하지만 아이가 어릴 때는 인터넷을 마음껏 할 여유가 없다. 나도 그랬다. 아이들이 초등학교 1학년이 될 때까지 인터넷은커녕 텔레비전조차 마음 놓고 볼 시간도 없었다.

그렇다 보니 이런 일도 발생한다. 이 역시 인터넷 카페에 올라왔던 사연인데, 아이의 초등학교 입학을 앞두고 뭘 어찌해야 하는지 몰라서 손을 놓고 있다가 집 앞에 있는 특수학교에 입학을 못 시키고 먼 거리의 일반 학교에 아이를 보내게 된 엄마도 있었다. 장애 아이들의 입학은 특수교육청을 통해서 이뤄지는데 비장애 아이들의 입학보다 더 이른 시기에 신청과 배정이 끝난다. 빠를 땐 한 해 전 여름에 마감되기도 하는데 아이 엄마는 그런 정보를 몰랐던 것이다.

그래. 꼭 인터넷이 아니어도 된다. 치료실 엄마들, 어린이집 엄마들과도 정보는 서로 나눌 수 있다. 하지만 치료실이나 어린이집, 학교 등에서 만나는 엄마들은 다 고만고만한 나이대의 아이들을 키우는지라 그곳에서 나오는 정보는 "어느 치료실이 좋다", "어느 선생님이 유명하다" 등이 대부분이다. 비장애 아이를 키우는 엄마들이 어느 학원이 좋은지 서로 얘기하는 것과 마찬가지다.

2013년을 기준으로 우리나라 장애인 수는 250만 명을 넘어갔다. 그중 약 10퍼센트가 발달장애인으로 추정된다. 부모들의 막막함을 덜어주기 위해 발달장애인지원센터가 생기긴 했지만 아직 부모들의 막힌 속을 확 뚫어줄 정도로 내실 있게 운영되지는 않는 실정이다.

그래서 나는 장애 컨설턴트 제도가 꼭 도입되어야 한다고 주장한다. 장애 컨설턴트가 생긴다면 수요는 충분할 것이다. 이 제도가 도입되면 당장 나부터 1호 고객이 될 테니까. 왜냐면 나는 아직도 정보에 목마르고 때로는 막막하다.

2부

나를 지키며 산다는 것

'나'를 버려야만
좋은 엄마인가요?

엄마인 내가 '나'의 행복을 찾으려 해도 괜찮은 걸까? 엄마만이 아닌 '나'의 삶을 살고 싶어 해도 괜찮은 걸까? 보통 엄마들이 묻는다면 "당연하지"라는 답이 나올 테지만 장애 아이를 키우는 엄마들은 묻는 것만으로 죄가 된다. 아이를 손에서 놓아버린 '나쁜 엄마'가 된다.

그래서 '나'를 누르고 누르고 또 눌러가며 '엄마'의 삶만 살도록 강요받고 스스로 강요한다. 나는 누구? 여기는 어디? 나는 점점 없어져간다.

나는 두 개의 삶을 살고 있다. 초등학교 3학년 딸을 키우는 보통 엄마의 삶과 초등학교 3학년이지만 마음은 두 살인 아들을 키우는 장애 아이 엄마의 삶이다. 두 개의 삶은 화성과 금성만큼이나 다르다.

아이가 2학년이 되었을 때 딸 친구의 엄마들 중에 자기 인생을 찾아나가는 이들이 하나 둘 보이기 시작했다. 1학년 때는 처음 하는 학교생활을 뒷바라지하느라 엄마들도 바쁘고 정신이 없다. 챙겨야 할 준비물도 많고, 봐줘야 할 숙제도 많고, 엄마들 모임도 많고, 행사도 많은데 다들 열심히 참여한다. 2학년이 되자 여유가 생긴다. 아이도 학교에 적응을 했고, 수업 마치고 방과후 활동을 하고 학원 여러 곳을 돌다 집에 오기 때문에 제법 늦은 오후까지 자유시간이 주어진다.

자유시간이 생긴 엄마들은 생각이 많아진다. 슬슬 전업주부의 굴레에서 벗어날 궁리를 한다. 누군가는 아르바이트를 시작하고, 누군가는 자격증 시험 준비를 하고, 누군가는 학원이나 가게를 차리기도 한다. 한 여자의 삶에서 이러한 시기가 왔을 때 주변 사람들은 진심 어린 격려를 한다. 남편들도 좋아한다. "드디어 우리 마누라도 돈이란 걸 벌어 오려나 보다. 아싸!" 적어도 내 주변에서는 그랬다.

하지만 장애 아이를 키우는 엄마에게는 보통 엄마들이 겪는 이러한 변화가 남의 일이다. 비장애 아이 엄마들의 세계에서는 아이를 위해 모든 걸 희생하는 엄마를 그리 바람직하게 보지 않는 반면 장애 아이 엄마들 세계에서는 아이를 위해 열심히 사는 엄마가 '좋은 엄마'로 타의 모범이 되곤 한다.

벌써 3년째

"나의 행복을 찾아도 되는 걸까?"

장애 아이를 키우는 엄마들 모임에 갔더니 한 '좋은 엄마'에 대한 칭찬이 이어진다. 아이를 위해 얼마나 지극정성을 쏟는지, 가까이에서 지켜본 엄마들의 증언이 쏟아진다. 내가 들어봐도 대단하고 존경스럽다. 24시간 아이를 위해 사는 '좋은 엄마'다. "어떻게 그 모든 게 가능해?"라고 묻자 "나를 버려야 한다"라는 대답이 돌아온다. 다른 엄마도 거든다. "엄마가 아이를 놓는 순간 아이는 끝이야."

이때 아이를 놓는다는 말은 아이를 진짜로 포기한다는 뜻이 아니다. 엄마가 아이만을 위한 삶이 아닌 자신을 위한 삶도 살아보고 싶다는 '마음'을 먹는 것을 의미한다. 하지만 장애 아이를 키우는 엄마들 세계에서는 이런 마음을 먹는 순간 아이를 놓아버린 '나쁜 엄마'로 매도되기도 한다.

엄마의 마음 상태에 따라 아이가 달라진다고 믿기 때문이다. 엄마의 관심을 오롯이 받지 못하는 아이는 안 그래도 더딘 발달 속도가 더 늦어지고 문제 행동도 많아진다고 믿는다. 그런 엄마의 아이들은 학교나 치료실에서 교사들도 성의 있게 봐주지 않는다고 생각한다. 사실인지 아닌지는 알 수 없지만 말이다.

그렇다 보니 아이만을 위해 모든 걸 희생하는 '좋은 엄마'들은 아이를 놔버렸다 생각되는 엄마들을 질책하기도 한다. 이때 말하는 '아이를 놔버린 엄마들'은 아이를 특수학교에 보낸 엄마들을 말하기도 한다. 일반 학교에 보내면 아이에게 신경을 쓰는 것이고, 특수학교에 보내면 아이를 포기해버린 것이라 생각하는 분위기가 어느 정도 형성돼 있는 것도 사실이다.

벌써 3년째 "나의 행복을 찾아도 되는 걸까?" 하는 문제로 고민하던 나는 얼른 입을 다문다. 이런 식의 대화를 나누는 건 처음이 아니다. 장애 아이 엄마들을 만날 때마다 나는 지금보다 더 좋은 엄마가 되어야만 한다는 무언의 압박을 받는다.

나는 이미 '나쁜 엄마' 반열에 올랐다

장애 아이 엄마들이 얼마나 열심히 사는지 보통 사람들은 잘 모른다. 그냥 육아가 아니다. 자녀에 대한 정보가 전혀 없는 장애 아이의 육아다. 책을 읽고, 인터넷을 뒤지고, 병원을 오가고, 강의를 찾아다니며 내 아이의 장애에 대해 공부하는 것은 물론 직접 특수교육을 공부해 일상생활에서 양육과 교육을 접목시키기 위해 애를 쓰기도 한다.

한 엄마는 아이가 장애 판정을 받았을 때부터 청소년이 된 지금까지 아이의 모든 일상을 두꺼운 노트에 빽빽하게 기록해왔다. 지금까지 쌓인 노트만 해도 열 권이 넘을 터. 노트에는 매일 아이가 보인 행동과 언어(말 또는 언어적 표현)가 빼곡히 적혀 있고, 심지어 그날그날 찍은 사진까지 출력해 붙여두었다.

"이렇게 해야 해. 아이의 일상을 기록하는 게 얼마나 중요한 일인데. 내가 이렇게 해야 교사들도 우리 아이를 대하는 게 달라져."

맞는 말이다. 할 수만 있다면 나도 그리해야 하는데 그럴 수가 없다. 안 그래도 보통 엄마보다 두세 배 많은 노동에 시달리는 생활, 쌍둥이 독박 육아로 일상조차도 벅찬 나에게 그건 버거운 일거리이기 때문이다.

아이 치료에 대해서도 마찬가지다. '좋은 엄마'들은 잘한다고 소문난 치료실이 있으면 왕복 두 시간이 넘는 거리도 마다하지 않는다. 멀리까지 다니는 게 힘들지 않느냐고 물으면 "엄마가 힘든 만큼 아이가 좋아지니까"라고 말한다.

특히 아이가 어릴수록 이러한 경향은 더 두드러진다. 엄마들에게 자신을 위한 삶은 허락되지 않는다. 책 한 권을 골라도 자신이 아닌 아이를 위한 책을 고른다. 장애에 대한 정보를 얻을 수 있는 각종 특수교육 관련 도서와 국내외 장애 아이 부모들의 수기를 줄줄 꿰고 있다. 엄마 스스로가 놀이치료, 미술치료, ABA 등 특수교육 관련 공부를 하고 자격증을 따서 아이에게 맞춤교육을 시키는 경우도 부지기수다.

하지만 난 그러지 않았다. 특수교육 관련 책을 읽는 대신 내가 읽고 싶은 책을 읽으며 살았다. 24시간 아들의 수발을 드는 삶이 벅찰 때마다 나 자신을 위한 책을 읽는 것이 나를 위한 작은 보상이었다. 자리 잡고 앉아 편하게 책 읽을 시간 따윈 없었다. 계란을 삶는 동안, 멸치 육수가 우러나는 동안, 큰일을 보러 화장실에 들어가 있는 동안 책을 읽었다. 소설과 심리학 책들을 읽었다. 그 시간은 힘든 일상에서 도피하기 위한 작은 탈출구였다.

이런 내 모습은 장애가 없는 딸에겐 모범이 되었다. 일상 속에서 책 읽는 엄마의 모습을 보고 자란 딸은 "엄마, 나도 책이 너무 좋아"라며 아침부터 밤까지 책을 읽는다. 성적표에도 "책을 많이 읽어 어휘력이 풍부하고 문장 구성력이 우수하며 글로 자신의 생각을 잘 나타냄"이라는 종합평가를 받을 정도다.

하지만 장애 아이인 아들의 엄마로 살기 위해선 장애 관련 정보를 습득할 수 있는 특수교육 책을 읽어야 했다. 그래야 남들과 같은 '좋은 엄마'가 될 수 있었다. 하지만 난 그러지 않았고 어느새 특수교사 뺨칠 정도로 각종 치료에 전문성을 가진 '좋은 엄마'들 사이에서 난 아이에게 무심한 '나쁜 엄마'가 되곤 했다.

상황이 이렇다 보니 어느 순간부터 장애 아이를 키우는 엄마들과는 거리를 두게 되었다. 특별한 일이 있을 때 만나긴 하지만 평소에 편하게 수다를 떨지는 않게 되었다. 나 역시 아들을 위해 내 모든 것을 바친 좋은 엄마였음에도 특수교육에 관한 전문성이 떨어진다는 이유로 그들 눈에 '나쁜 엄마'로 보였기 때문이다.

억울한 마음도 든다. 아이를 사랑하는 마음은 이 세상 누구보다도 크고, 비록 전문가 뺨치는 관련 지식은 없지만 아이를 면밀히 관찰하고, 소통하려 애쓰고, 눈높이를 맞춰 놀아주는 건 누구보다 잘하기 때문이다.

무엇보다 '내 행복을 찾아가며 살아도 될까?'라는 마음을 먹는 것만으로도 난 이미 '나쁜 엄마' 반열에 올라버렸다. 아이의 행복만을 위해 사는 엄마가 아니기 때문이다. 내가 생각하는 내 행복을 찾아가는 삶이란 아이를 포기하고 나만 행복해지자는 게 아니다. 지금까지 아이에게만 초점을 맞추고 살았다면 이제부터 장애인 활동보조인에게 치료실에 왔다 갔다 하는 짐을 나눠 주고 그 시간 동안 나 자신이 행복해지는 일을 하겠다는 것이다.

온전히 나를 위한, 나만의 시간을 갖고 싶은 것이다. 아이와 함께하는 시간과 나만의 시간을 구분하고 싶은 것이다. 그렇게 나만의 시간을 보낸 뒤 아이가 활동보조인과 함께 집에 오면 에너지가 충전된 상태에서 아이를 보는 데 더욱 집중을 하고 싶은 것이다.

나만의 시간이라는 건 거창하지 않아도 좋다. 날씨 좋은 어느 날이면 혼자서 시내를 걷다가 분위기 있는 카페에 들어가 여유롭게 차를 한 잔 마시고 싶다. 하교 시간에 맞춰 12시 40분까지

> '좋은 엄마'는 '나'를 버려야 한다지만,
> 왜 꼭 그래야만 하는지 나는 잘 모르겠다.

교실 복도에 가서 대기하느라 언제나 시간에 쫓기며 살아야 하는 삶을 이젠 졸업하고 싶다.

뽀로로 전시회가 아닌 위대한 화가들의 전시회도 찾아다니고 싶고, 극장에 가서 마음 편히 영화도 보고 싶고, 일을 시작해서 경제적으로 여유도 되찾고 싶다.

마지막으로 여건이 허락된다면 한 달에 두 번쯤은 밤 시간에 '프로젝트 모임'에 나가 보다 창조적인 일을 하는 그런 삶을 살고 싶다. 치료실 순방을 활동보조인에게 맡기고 내가 찾고자 하는, '내 행복을 찾아가는 삶'이란 그런 삶이다.

아들이 1학년일 때 특수반 선생님에게 "엄마인 내가 내 행복을 찾아가도 되나요?"라고 물은 적이 있다. 선생님은 "어머니, 아직 일러요"라고 말했다. 함께 있던 엄마들도 벌써부터 그러면 안 된다고 입을 모았다.

아들이 생후 13개월일 때부터 포대기에 안고 다니며 치료실을 다녔다. 오가는 택시 안에서 젖을 먹였고, 그 사이사이 10분씩 눈을 붙여 자는 쪽잠을 다 합해 하루 한두 시간 자는 날도 숱하게 이어졌다. 만으로 8년 넘는 시간 동안 장애 아이의 엄마로만 살았다. 남들보다 몇 배나 많은 노력과 희생과 눈물이 뒤따랐고 이제 나는 '나'를 위한 삶도 찾고 싶다.

'좋은 엄마'는 '나'를 버려야 한다지만, 왜 꼭 그래야만 하는지 나는 잘 모르겠다. 엄마인 내가 먼저 행복해야 장애인인 내 아이도 행복해지는 게 아닐까? 내가 너무 안이하고 이기적인 마음을 품고 있는 것일까?

물론 주변의 반응이 호의적이지 않다 해서 내 행복을 찾는 여정을 포기하지는 않을 것이다. 하지만 환영받지 못하는 나의 여정을 계속 가려 한다면 아마도 죄책감마저 떨칠 순 없겠지. 장애 아이 엄마, 아니 '좋은 장애 아이 엄마'로 살기 참 어렵다.

장애 이해 교육,
인권 교육의 시작

아이가 2학년 때의 일이다. 새 학기가 시작되니 마음가짐도 달라진다. 마음의 여유가 생겨서인지 전교생을 대상으로 장애에 대한 눈높이 교육을 실시하면 좋겠다는 생각이 든다. 학교에서 하는 장애 이해 교육과는 별도로 장애 아이의 부모가 일일 교사가 되어 학생들에게 설명하는 시간을 마련하면 어떨까?

새로 부임한 특수반 선생님과 상의를 했다. 선생님이 좋다고 하면 나머지 특수반 엄마들과 얘기해 학년별로 한 명씩 수업을 맡자고 할 생각이었다. 교단에 서기가 망설여지는 엄마가 있으면 내가 2, 3개 학년이라도 맡을 마음이었다.

"좋은 생각이네요. 추진해보도록 하죠"라는 말을 기대했다. 그런데 "어머니, 그건 안 하시는 게 나을 것 같아요"라는 뜻밖의 대답을 들었다. 그건 쉽게 나온 말이 아니다. 특수교사로서 오랜 시간 재직한 전문가의 고민이 담겨 있는 답변이었다.

낙인. 장애인이라는 낙인이 문제였다. 장애 이해 교육은 비장애 아이들을 대상으로 장애인에 대한 인식을 개선하기 위해 행해지는 교육이다. 교육부 지침이기도 하지만 장애 아이를 담당하는 특수교사로서 필요성을 느끼기 때문에 하기는 한다고 한다. 하지만 교육을 하고 나면 오히려 부작용이 일어나 장애 이해 교육을 과연 하는 게 좋은지를 두고 고민하게 된다는 것이다.

아이들이 생각보다 잔인하다는 게 문제였다. 물론 정말 잔인한 일부 어른들과는 달리 아이들은 그냥 재미가 있어 장애 아이를 놀리는 것뿐이지만 그 강도는 생각보다 세다고 한다. 특히 장애 이해 교육을 하기 전까지는 장애 아이를 좀 다르거나 느린 친구로 알고 있던 아이들도 교육을 받고 나면 장애인이라는 개념을 확실히 알고 오히려 낙인을 찍어 놀린다고 한다. 보다 심층적인 장애 이해 교육을 통한 아이들의 인식 변화를 목표로 한다면 어느 정도 머리가 큰 중학생 정도가 적합하다는 게 선생님 의견이었다.

의외였다. 그리고 혼란이 왔다. 중학생이라고? 이 세상이 자신을 중심으로 돌아가는 줄 아는 중학생, 세상에 무서울 것이 없는 중학생, 자신감의 탈을 쓴 오만함으로 때론 잔인한 실수도 저지르는 중학생. 내게 질풍노도를 겪는 중학생은 그런 이미지인

낙인.

장애인이라는 낙인이 문제였다.

데, 그 시기의 아이들에게 장애가 있는 친구를 이해하자며 장애 인식 교육을 한다고?

으. 생각만 해도 무섭다. 폭풍우 몰아치는 사춘기를 지나고 있는 중학생의 머릿속에 장애인 친구를 받아들일 만한 마음의 여유가 있을까? 오히려 중학생이 되기 전부터 장애인에 대한 개념을 확실히 알리고 이해시키는 게 더 낫지 않을까? 어느 쪽이 맞는 걸까?

나도 어리고 너도 어린 초등학교 저학년 때는 장애 아이인 우리 아들이 가해자가 되기도 한다. 앞뒤 상황 파악 못하고 '앙' 하며 손톱으로 친구를 할퀴어 문제를 일으키는 것이다.

하지만 느리게 커가는 장애 아이들과 달리 비장애 아이들은 꼬박꼬박 자라 나간다. 1학년 말에 보니 몇몇 사내아이들은 제법 큰 티를 낸다. 하교 종이 울리길 기다리며 교실을 들여다보니 아들 앞에 링 던지기 교구가 있었다. 아들은 막대에 끼어 있는 링을 빼고 싶은데 친구 몇몇이 아들이 링을 뺄 때마다 다시 뺏어 막대에 건다. 느리게 빼는데 빠르게 꽂히는 링. 아들은 조급해졌고 짜증이 나서 "잉잉잉" 하며 항의하는데 행동이 빠른 친구들을 막을 수가 없다. 아들의 반응이 재미있는 친구들은 계속해서 링을 던져 넣는다.

못된 아이들이라 그러는 게 아니다. 그 친구들은 단지 재미가 있었던 것이다. 자신들이 뭘 하는지도 모르고 벌이는 일이다. 초등학교 1학년 때는 링 던지기 훼방에 불과하지만 중학교 1학년이 되면 어떨까? 보통 엄마들도 아이가 학교폭력이나 왕따를 당할까 봐 두려워하는데 하물며 말도 잘 못하고 반응 속도도 느린 장애 아이 엄마들은 어떨까?

중학생 때는 아이를 일반 학교 특수반에 보내지 말고 아예 특수학교에 보내라고 말하는 이들도 있다. 하지만 보내기 싫어 안 보내는 게 아니다. 특수학교에 빈자리가 있어야 아이를 보내지. 특수학교 수가 턱없이 부족해서 전학을 가고 싶어도 갈 수가 없는데 어디 한 곳에 특수학교를 짓겠다고 하면 동네 주민들이 와르르 들고 일어나 결사반대하기 일쑤인 실정이다.

휴, 어떻게 할까요? 어디 산속에다 장애 아이들을 모아놓고 장애인 국가라도 따로 세워야 할까요?

'남의 일'이지만 '남의 일'이 아닌

엄마인 내가 아들이 다니는 학교에서 장애 이해 교육을 직접 하고 싶었던 이유는 내 주변만이라도, 내 아들이 다니는 학교의 아이들만이라도 장애를 올바로 이해하길 바랐기 때문이다.

요즘 우리 아이들은 장애에 대해 어떤 식으로 배우고 있을까? 교과과정 안에 장애 관련 부분이 따로 있을까? 교육부에 문의해보니 모든 초등학교에서 연 2회 이상 장애 인식 개선 교육을 하도록 되어 있단다. 교육부에서 자료가 배포되는데 주 내용은 이렇단다.

"장애는 서로 다름이지 차이가 아니다."

장애에 대해 아무런 교육도 받지 못한 채 자란 우리 세대와 비교하면 많이 발전한 상황이지만 아직도 부족하다. 너무 원론적이고 교과서적인 얘기라 한 귀로 듣고 한 귀로 흘리기 딱 좋다. "여러분, 옆의 친구와 내가 서로 다르듯이 장애인과 나도 서로 다를 뿐이에요"라고 가르치면 아이들이 "아, 그렇구나!"라며 장애인 친구를 받아들이게 될까?

교육 횟수보다 내용이 문제다. '차이'가 아닌 '다름'이라는 것을 한두 시간 가르쳐봤자 너무나 뻔한 얘기라서 온전히 이해하고 받아들이기에는 한계가 있다.

나와는 상관없는 일이라며 왜 굳이 장애 이해 교육을 받아야 하느냐고 묻는 이가 있을지도 모른다. 그렇다면 난 이렇게 대답하겠다. 장애는 나와는 거리가 먼, 상관없는 '남의 일'이 아니기 때문이라고. 언제든 내게도 장애가 발생할 수 있다고. 내가 장애인 아들을 낳기 전까지는 나도 이것을 몰랐었다고 말이다.

장애인은 삶의 한순간에 짧게 스쳐 간
불쌍한 '타인'이 아니다.

　몇 년 전, 동네에서 알고 지내는 한 아저씨가 회사에서 쓰러졌다. 뇌출혈이 왔는데 응급조치가 늦었단다. 한 달쯤 지났을까? 그 집 부부를 만났다. 아내 손을 잡고 무겁게 한 발 한 발 내딛는 아저씨. 몸도 잘 못 쓰고 말도 잘 못한단다. 특히 인지 면에서 네 살짜리 어린아이가 되어버렸단다. 30대 젊은 가장에게 하루아침에 닥쳐온 비극이다.

　장애라는 불행은 남의 일이 아니다. 언제든 내게도 일어날 수 있는 일이다.

　늦은 결혼, 난임, 인공수정, 다태아 임신, 조산 등의 과정을 거치다 우리 아들처럼 장애가 오는 경우는 앞으로 늘어나면 더 늘어나지 줄어들 것으로 보이진 않는다. 환경호르몬, 미세먼지, 유전자 변형 식품 등 지구 환경이 뇌신경에 영향을 미쳐 발생하는 장애 역시 아직 원인을 밝히지 못했을 뿐 발달장애 발생의 요인 중 하나로 추정된다.

　어디 그뿐일까? 복잡해진 도시 생활에서 일어나는 각종 사고는 물론, 모든 것을 기계가 만들어내는 과정에서 산재를 입어 생긴 후천적 장애 역시 더 증가할 것이다. 과도한 업무와 스트레스로 인한 뇌출혈이나 뇌졸중, 그에 따라 후유증으로 얻게 되는 장애 역시 마찬가지다.

전체 장애인의 수는 줄어드는데도 불구하고 발달장애인의 수는 꾸준히 증가하는 현실이 전 세계 공통적으로 나타나고 있단다. 장애는 나와는 상관없는 남의 일이라고 외면하고 살 수만은 없는 시대가 되어버렸다. 나도 장애 아이를 낳고서야 이게 내 일이 될 수도 있다는 걸 알았다.

사실 나는 일일 학부모 교사가 되면 "장애인과 너희는 서로 다를 뿐이야"라고 말하는 게 아니라 "장애는 누구에게나 올 수 있는 거야. 우리 모두 언제든 장애를 가질 수 있는 예비 장애인이야"라고 말해주고 싶었다. 그래야 아이들이 단 한 번의 교육으로도 장애인을 바라보는 시각이 달라질 수 있을 것 같았다.

장애를 바라보는 기본 관점부터 달라져야 한다. 그래야 장애인도 '틀린 사람'이 아닌 '다른 사람'으로 받아들여질 수 있다. 장애인은 삶의 한순간에 짧게 스쳐 간 불쌍한 '타인'이 아니다. 언제고 내가 당할 수 있고 내 가족이 당할 수 있는 일을 먼저 겪고 있는 '이웃'일 뿐이다. 이것이 내가 하고 싶어 했던 장애 이해 교육의 핵심이다.

비록 우리들은 이런 교육을 못 받고 자라 장애를 바라보는 시각이 한쪽으로 굳어져버린 측면이 있지만 우리 아이들 세대는 다르길 바란다. 장애 이해 교육은 단순히 장애인을 이해하자는 교육이 아니다. 모든 인간은 동등하다는 것을 이해시키는 기본

누가 어떤 모습을 하고 있건 인간으로서의
정당한 권리를 누릴 수 있는 세상

인권에 관한 교육이다. 어릴 때부터 인권에 대한 의식이 바로 서야 우리 아이들이 살아 나갈 미래 사회가 더 건강해질 수 있다.

말로만 부르짖는 '차별 없는 세상'이 아니라 실제로도 차별이 없는 세상. 누가 어떤 모습을 하고 있건 인간으로서의 정당한 권리를 누릴 수 있는, 사회안전망이 탄탄하게 구축돼 있는 세상. 아마 우리 모두가 바라는 사회의 모습일 것이다.

비장애인 중심 사회에
안녕을 고하다!

"아아······ 아악······ 아갸갸갸갸갸갸. 까르르르르르."

기분이 좋을 때 아들은 '아갸갸갸'라는 옹알이를 아주 길고도 힘 있게 쭉 뽑아낸다. 옹알이와 한 세트인 뜀뛰기도 이어진다. 깡총깡총 깡총깡총. 그냥 뛰지 않는다. 꼭 머리를 좌우로 흔들면서 뛴다. 숨이 찰 때까지 머리를 한껏 흔들어대고 나면 다시 또 까르르르 웃는다. 마냥 신이 난 요 녀석. 드라마 〈도깨비〉 속에 나오는 공유의 대사를 빌려오자면 "속도 없구나." 피식.

엄마 속은 썩어 문드러지는데 아들은 천진난만하기만 하다. 자신에게 무슨 일이 벌어진지도 모르고 마냥 신나 하는 아들을 보니 깊은 한숨만 나온다.

2학년 학기 초 열린 학부모총회 때 일이다. 계획했던 대로 총회 시작 전 5분의 시간을 받아 반 엄마들 앞에서 아들에 대해 설명하는 시간을 가졌다. 나는 원래 무대 체질이지만 '아들의 엄마'로 사람들 앞에 설 때만은 세상에서 가장 작아진다. 두 손이 부들부들 떨리고 심장은 터져 나갈 것 같다.

자꾸 눈물이 솟구치려 하는 걸 꾹 참고 말을 이어갔다. "안녕하세요. 동환이 엄마예요. 제가 보낸 편지 다들 읽으셨죠?"

울지 않기 위해 엄마들 모르게 두 주먹을 꼭 쥐었다. 아들의 출생, 아들의 장애, 아들의 특성, 엄마들에게 부탁하고 싶은 점 등을 차근차근 설명했다. 중간에 두 번이나 울컥해서 말문이 막히기도 했지만 그래도 무사히 할 말을 다 하고 교단에서 내려왔다. 엄마들의 반응은 제각각이다. 장애 아이가 껄끄러운 엄마는 나와 눈 한번 마주치지 않고 딴짓을 했다. 반면 나보다 더 눈물이 그렁한 채로 고개를 끄덕이며 경청을 하는 엄마도 있다.

아들 짝이라는 여자아이의 엄마는 교실에서 나를 보자마자 손을 한 번 잡아주었다. "편지 잘 읽었어요. 감동받았어요." 또 눈물이 흐를까 봐 괜히 볼 일이 있는 척 고개를 숙였다. 진심으로 다가가면 진심으로 답해주는 이들이 있기 마련이다.

2학년 생활은 1학년 때와는 다를 수 있을 것 같았다. 나는 기대를 품었다. 이제 우리 아들은 보다 포용적인 환경에서 이전과는 다른 시선을 받으며 학교생활을 할 수 있으리라 생각했다. 하지만 그 기대는 두 달 만에 산산이 부서졌다.

새로 부임한 특수반 선생님과 두 달 동안 세 차례 상담을 했다. 첫 번째 상담은 개학식 다음 날, 두 번째 상담은 한 달쯤 지나고 있었다. 그리고 마지막 세 번째 상담을 하던 날, 나는 아들을 특수학교로 전학시키기로 결정을 내렸다. 이유는 하나였다. 아들을 위해서. 아들의 행복을 위해서.

졸업은 못할지라도 4, 5학년까지만이라도 일반 학교를 다니기 바랐다. 장애의 정도가 중한 아이들한테 초등학교는 사실상 비장애 아이들과 생활해볼 수 있는 마지막 기회이기 때문이다. 나는 전학을 가겠다고 말하며 울컥했고 특수반 선생님과 실무사 선생님 눈에는 눈물이 그렁그렁했다.

일반 학교에서 아들은 행복하지 않았다. 무엇보다 수업 시간에 전혀 의욕을 보이지 않았다. 그러다 보니 비장애 아이들과 함께 수업을 듣는 통합교육의 의미도 찾을 수 없었다. 1학년 땐 가능했던 착석마저 2학년이 되니 말짱 도루묵이 되어버렸다. 아들은 수업 시간에도 축 처져서 교실 뒤 찬 바닥에 누워 있기 일쑤였다.

고민을 했다. 아들에게 필요한 건 뭘까? 더 철저하게 통제해서 착석 연습을 시켜야 하나? 아니면 다른 아이들을 배려하도록 예절 교육을 시켜야 하나? 아니면 뽀뽀를 꾹 참고 예뻐하는 마음을 숨겨가며 엄격하게 훈육을 시켜야 하나? 지난 시간을 되돌아본다. 나는 어느새 이리 조급해져 있었던가. 언제부터 난 아이의 속도보다 한참을 앞서 나가는 욕심쟁이 엄마가 되어 있었던가. 내 아이의 마음 하나도 못 보고 내 욕심만 앞세웠다.

조급한 엄마가 혼자서 달려 나가고 있을 때 잠시 걸음을 멈추고 아들의 마음을 들여다본 이는 특수반 선생님이었다. 선생님은 아들의 심리 상태에 주목했다. 특수반 선생님은 아들의 심리가 꼬여 있다고 판단했다. 심성이 나쁘게 꼬여 있다는 게 아니라 할 줄 아는 것조차 하지 않으려는 무기력, 의지 없음이 문제라는 뜻이다. 심리적인 문제는 착석보다 중요했다. 심리적인 문제가 풀려야 아들의 '하고자 하는 의지'가 생겨나고 그래야 착석도 자발어도 가능해진다고 했다.

2학년을 마치고 특수학교로 전학하기로 했다. 선생님이 권고하고 최종 결정은 엄마인 내가 내렸음에도 나는 학교에서 쫓겨나는 듯한 기분이 들었다. 우리 아들은 왜 이곳에서 행복하지 못했을까? 왜 무기력한 아이가 되었을까? 왜 적응하지 못했을까? 장애 아이들만 모여 있는 곳에 가면 행복해질 수 있을까? 의욕이 생길까? 그것만이 유일한 해법일까?

가슴 두근대던 입학식부터 전학을 결정하기까지, 학교에서 지낸 모든 시간들이 떠오른다. 결국 이렇게 비장애인 중심 사회 진입에 실패할 거였으면 그동안 마음고생이나 하지 말 것을. 내 눈물 돌리도.

혹시나 하는 생각을 해본다. 만약이라는 것 말이다. 만약 현재의 교육 환경이 아들에게 더 호의적이었다면 나는 전학을 결정하지 않아도 되었을까? 교사와 학부모, 학생 모두 '장애'를 폭넓게 이해하고 함께 가는 분위기였다면 우리 아들은 '행복한 장애인'으로 무사히 초등학교를 졸업할 수 있었을까?

물론 마음이 어린 아들을 동생처럼 잘 챙기고 고양이나 강아지처럼 예뻐하는 고마운 친구들도 많이 있었다. 선생님에게 칭찬을 받기 위해서가 아니라 진심으로 배려하고 행동이 느린 아들을 챙기던 아이들이다.

어느 날 하교 종이 울리길 기다리며 교실 안을 들여다보니 친구 몇몇이 아들을 의자에 태워서 이리 밀고 저리 밀고 다닌다. 아들은 자동차라도 탄 듯 좋아서 까르르르 웃는다. 아들이 웃는 모습에 친구들도 다 같이 모여 까르르르. 보고 있는 나도 까르르르 웃었다. 내 아픔에 공감하고 먼저 손을 내밀어준 고마운 엄마들도 있었다. 그 전에 서운한 일을 당했던 터라 내민 손을 내가 강하게 잡지 않았을 뿐 고마운 마음을 전하고 싶은 엄마들도 분명 있었다.

매 순간 전력을
다하지는 말자

아들이 일반 학교를 다녔던 1년 2개월을 되돌아본다. 아들이 행복하지 못했던 시간보다 엄마인 내가 행복하지 못했던 시간이 더 많았다.

어느 정도였냐면 엄마들이 교육부에 아들의 퇴학 처리를 요구하는 진정 움직임을 보인다는 이야기를 전해 듣고는 한동안 죽음이라는 생각에서 헤어나지 못했다. 하루 종일 아들과 함께 죽을 생각만 했다. 그것만이 유일한 해결책인 것 같았다. 시기만 가늠했다. 오늘? 내일? 아니면 딸이 조금 더 클 때까지 기다렸다가?

마음이 너무 아팠다. 절망이 너무 깊었다. 충격이 너무 컸다. 그러다 충격은 곧 분노가 됐고 그 분노는 걷잡을 수 없이 커져서 나는 내 존재를, 내 목숨을 걸고 학교 전체와 맞서 싸우겠다고 다짐했다. 언론을 이용해 장애인 인권 문제로 사건을 키워 사회적 논란을 끌어내는 형태로 이번 사태를 끌고 갈 계획을 세웠다. 일이 커지면 학교 측도 나서게 될 테고 그렇게 되면 주동자가 누구인지도 명명백백해지겠지.

그렇게 독기를 세우다가도 한순간 모든 걸 포기하고 싶기도 했다. 아들에게, 우리 가족에게 앞으로 무슨 희망이 더 있을까. 자다가도 울고, 설거지를 하다가도 울고, 세수를 하다가도 울었다. 시시때때로 울음이 터져 나왔다. 아들을 데리고 함께 죽는 것만이 해결책이었다.

마침 그즈음 아들이 탈장 수술을 했다. 수술 날 아침 마취 주사

> 힘을 빼보자. 그래도 된단다.
> 조금 더 편하게 살아도 된단다.

를 맞고 잠들어 있는 아들을 보며 나는 마음속으로 말을 걸었다.

"동환아, 그냥 마취에서 깨어나지 못해도 괜찮아. 엄마는 동환이를 세상 누구보다도 사랑하니까 이제 괜찮아. 그냥 깨어나지 않아도 돼. 이런 세상에서 더는 살지 않아도 돼. 다 괜찮아. 엄마는 이제 괜찮아. 그러니까 깨지 않아도 돼."

사랑하는 자식이 죽기를 바라고 그런 자식과 함께 나도 죽어 없어지기를 바라는 나날들.

그러다 여동생이 건넨 한마디 덕분에 나는 모든 걸 덮고 가기로 했다. 나는 죽어도 되니 모든 걸 걸고 맞서 싸우겠다는 내게 여동생은 매사에 그렇게 전력을 다하며 살지 않아도 된다고 했다.

"언니, 그렇게 전력을 다하지 않아도 돼."

어깨에서 힘을 빼도 된다고, 조금 더 편하게 살아도 된다고. 그 말에 한참을 오열하고 나서야 아무 일도 없었다는 듯 모든 것을 덮고 가기로 했다.

그래. 매 순간 전력을 다하지는 말자. 조금 더 편하게 살아도 된다. 이 정도 일에 목숨까지 걸지 말자. 앞으로도 이런 일은 수시로 일어날 것이다. 그럴 때마다 온몸의 가시를 바짝 세우고 전

력을 다하면 나는 아들을 데리고 이 세상을 살아 나갈 수가 없
다. 어깨의 힘을 빼보자. 그래도 된단다. 조금 더 편하게 살아도
된단다. 그래 보자. 한번. 그렇게 해보자. 그렇게 하루하루를 살
아 나가다 보니 지금 이 자리까지 오게 되었다.

애초에 〈동네 바보 형〉은 장애와 관련이 없는 비장애인들을
위해 연재하기 시작했다. 장애인은 미지의 세계에서 온 괴생명
체가 아니고, 장애 아이를 키우는 가정 역시 특별한 집단이 아니
라 당신들과 똑같은 삶을 살고 있는 이웃이며, 단지 인생이라는
큰 게임에서 '장애'라는 복권에 랜덤으로 먼저 당첨되었을 뿐이
라는 것을 우리 아들의 이야기를 통해 알리고 싶었다.

나는 '좋은 장애 아이 엄마'가 아니었기 때문에 장애 아이 가
족들에게는 특별히 해줄 만한 이야기가 없었다. 나는 특수교육
에 관한 지식이 많이 부족했고 그들만큼 아이만을 위해 살지도
못했다. 변명이라면 변명이라고 할 수도 있다. 쌍둥이 독박 육
아에 시달리는데 심지어 그중 하나는 장애 아이. 나는 아이들의
'생존'을 이어가게 하는 데도 힘에 부쳐 끙끙댔다. 아들을 위해
내가 한 일은 그저 무한대로 사랑한 것뿐이었다.

하지만 이제 한 가지 정도는 장애 아이 엄마들에게 해줄 얘기
가 생긴 것 같다. 미취학 장애 아이를 둔 엄마들에게.

장애 아이를 일반 학교에 보내려면 어린이집이나 유치원을
다녔던 학군 안에서 보내라고 말하고 싶다. 우리 아이의 상태

를 알고 이해하고 받아들이는 엄마들이 단 몇 명이라도 있으면 장애 아이가 비장애 아이들의 사회 속에 진입하기가 한결 수월하다.

학군 밖에 있는 일반 학교에서는 아는 사람도 한 명 없는데 같은 아파트 단지에 살지도 않아 평소에도 얼굴을 마주할 일이 없으니, 우리 아들은 언제나 이방인 신세였다. 이건 매우 불리한 조건이었다. 장애가 있는 아이에게는 더더욱 그러했다. 만약 딸이 다니는 초등학교에 특수반이 있어 그곳에 아들을 보냈다면 나는 지금과는 또 다른 고민을 하고 있을 터였다. 넓고 깊게 구축된 '아줌마 네트워크'를 기반으로 아들을 비장애 아이들 속에 수월하게 편입시키고 마음고생도 덜 했을 터였다.

학교 입학을 기다리는 미취학 장애 아이 엄마들은 나와 같은 시행착오를 겪지 않기를 바란다. 각자의 환경에 맞게 방법을 찾아 보통 사람들의 사회 속으로 잘 녹아 들어갈 수 있길 바란다.

나? 나도 다시 힘을 내야겠지. 아이를 특수학교로 전학시킨다고 세상이 끝난 건 아니니까. 오히려 맞춤교육을 할 수 있다는 장점이 있으니까. 일반 학교 생활을 정리하고 특수학교에서 맞이할 새로운 시작을 준비해야지. 언젠가 말했듯 난 엄마니까, 직진밖에는 할 수 없으니까.

아마도 행복했을
마지막 소풍

"이래서는 계속 함께 갈 수 있을지 모르겠어요."

일반 학교에서 갔던 첫 소풍날 담임 선생님이 버스에서 내리자마자 건넨 첫 마디였다. 소풍 중간에 아들이 주저앉아 난리를 부렸기 때문이다. 물이 문제였다. 우리 아들은 물을 좋아한다. 물 싫어하는 어린이가 어디 있겠는가마는 우리 아들의 물 사랑은 유별났다. 장애 아이들은 때론 한 가지에 놀라울 정도로 집착을 보이는데 우리 아들에겐 그 대상이 물이었다.

아들은 모든 종류의 물을 다 좋아한다. 화장실 욕조에 물을 받아놓으면 옷을 입은 채로 들어가 앉아 있곤 한다. 마시는 물도 좋아해서 컵을 숨겨두지 않으면 하루 종일 정수기에서 물을 따라 마신다. 수시로 싱크대와 세면대 수도꼭지를 틀어 장난을 치다가 엄마가 출동을 하면 까르르 웃으며 도망 나오기도 한다.

그런 아들이 초등학교 첫 소풍날 아쿠아리움에 갔다. 사방이 물 천지다. 문제는 모든 물이 유리벽에 가로막혀 있다는 것이다. 대재앙이 따로 없었다. 물고기들이 헤엄치는 물속에 들어가고 싶었는데 그럴 수가 없게 되자 자리에 주저앉아 떼를 쓰기 시작했다. 보통 아이들이라면 저것은 물고기들이 헤엄치는 수조이고 사람은 들어갈 수 없다는 걸 금방 이해했을 테지만 아들은 자신을 둘러싼 모든 상황을 이해할 수가 없었다.

눈앞에 좋아하는 물이 있는데 어른들이 물놀이를 못하게 한다. 물속에도 안 들여보내준다. 그리고 손을 붙잡는다. 자꾸 앞으로만 걸어가자고 한다. 나는 물에서 놀고 싶은데 안 되는 이유를 모르니 끌고 가려고 하는 어른들에게 반항할 수밖에 없다. 말을 못하니 울음으로 반항한다. 누워서 소리를 지른다. 팔다리를 마구 휘젓는다. 그럴수록 어른들은 더 센 완력을 사용하고 아이는 더욱 큰 울음으로 반항해본다. 담임 선생님도, 실무사 선생님도, 다른 반 선생님도, 친구들도, 아들도 모두가 힘들다. 지친다. 첫 소풍의 기억이었다.

발달장애 관련 인터넷 카페를 보니 초등학교에 입학한 장애 아이의 소풍을 보낼지 말지 고민하는 엄마들의 글이 보인다. 장애 아이들이 소풍을 갈 때는 특수반 선생님이나 실무사 선생님이 아이 옆에서 함께 다닌다. 하지만 이 아이들의 특성상 예기치

만약에 한 조각이라도 기억에 남는다면
'최고의 하루'로 추억하게 해주자.

못한 돌발 상황이 언제든 발생할 수 있기 때문에 엄마들은 첫 소풍을 보내고 나면 가슴이 두근 반 세근 반 뛰게 마련이다.

첫 소풍 때 제대로 뿔이 난 아들의 대단한 저력을 확인한 특수반 선생님은 2학기 가을 소풍에 엄마가 함께 갈 것을 제안했다. 보통 아이들과는 다른 인지와 감각을 지닌 내 아이가 어떤 상황에서 난리를 피우고 어떻게 해야 진정이 되는지, 무엇을 좋아하고 어떻게 해야 싫어하는 걸 피해 갈 수 있는지 등의 노하우를 엄마는 잘 알고 있기 때문이다.

아들 한 명에 엄마와 실무사 선생님까지 따라간 두 번째 소풍은 대성공이었다. 울기는커녕 소풍 내내 까르르 웃으며 즐거운 시간을 보내고 왔다.

그리고 2학년이 되어 초등학교에서 가는 세 번째 소풍이자 비장애 아이들과 함께 가는 마지막 소풍날이 왔다. 나와 남편은 각오를 달리했다. 무조건 즐겁게 해주고 오자. 이번엔 아빠까지 따라붙었다. 아들이 걷다 지치면 아빠가 업고라도 가겠다는 각오였다. 나중에 기억할지는 모르겠지만, 만약에 한 조각이라도 기억에 남는다면 '최고의 하루'로 추억하게 해주자.

마지막 소풍 장소는 놀이기구와 동물원이 있는 테마파크였다. 동물원부터 들렀다. 아들은 아직까지 동물에 아무런 반응을 보이지 않는다. 길에서 숱하게 지나치는 강아지나 비둘기도 아들 눈에는 전봇대나 마찬가지다. 아들의 상호작용 대상은 어른으로 제한돼 있다. 또래 친구들과도 상호작용이 잘 안 되는데 동물과 교감을 하려면 한참을 더 자라야 한다. 아들의 시간은 천천히 흐르고 있다.

반 친구들이 코끼리와 기린을 보며 감탄하고 있을 때 아들은 그 옆 공터에서 뛰어다녔다. 친구들이 오랑우탄을 보며 깔깔댈 동안 아들은 나무로 만든 의자 위를 걸으며 옹알이를 했다. 그렇게 함께인 듯 혼자인 모습으로 아들은 자신만의 소풍을 즐겼다.

점심을 먹고 놀이기구를 탄 아들은 더 신이 났다. 바이킹이 앞으로 갔다 뒤로 갈 때 배꼽을 간질이는 느낌도 재밌고, 회전그네가 공중에 떠 빙빙 돌 때 느껴지는 바람도 상쾌하다. 놀이동산에서 재미나고 신나는 감각통합 훈련을 받는 셈이다.

아이 하나에 보호자가 셋이었다. 아빠와 엄마와 실무사 선생님이 있어서 아들도 편했고 보호자들도 서로 편했다. 화장실도 돌아가며 가고, 손이 남는 어른들은 반 친구들도 챙겼다. 체력 부담도 덜했고, 친구들 사진도 왕창 찍어 반 엄마들에게 전해줄 수 있었다.

사실 학교에서는 보호자로 엄마까지만 허용을 했다. 실무사 선생님이 따라가니까 보호자는 엄마 한 명이면 충분하다고 판단

한 것이다. 하지만 아빠가 개인적으로 돈을 내고 동물원에 입장하는 것까지 막을 구실은 없었다. 그래서 남편은 혼자서 차를 몰아 소풍 장소에 도착, 입장권을 따로 끊고 들어와 합류했다.

모든 어른들은
마음이 아팠다

소풍 가서 반나절을 함께 다니다 보니 실무사 선생님은 물론 일반 담임 선생님과도 이런저런 대화를 나눌 시간이 생긴다. 알고 보니 두 분 모두 아들 때문에 우울감을 느꼈다고 한다. 아들의 전학이 결정되고 난 후 너무 가슴이 아파서, 우울한 마음에 한동안 가슴이 답답했다고 털어놓는다. 부모 입장에서는 비장애인 중심 사회로 진입하는 데 실패한 것이었지만, 학교 입장에서는 자신들이 장애 아이를 껴안는 데 실패한 것이었다. 어느 한쪽만이 아닌 양쪽 모두에게 상처가 되었다.

부모 입장에선 통합교육의 '필요성'이 우선이었지만 학교 입장에선 통합교육의 '실효성'을 생각하지 않을 수 없었다. 입장 차이는 있었지만 분명한 건 우리 아들이 행복해야 한다는 사실이었다. 아들이 행복할 수 있는 환경에서 학교를 다니도록 하기 위해 전학을 결정했고, 그 결정을 내리기까지 모든 어른들은 마음이 아팠다. 특수학교로 전학을 가게 되면 아들은 아마 행복해질 것이다. 그러리라 믿는다. 그래야 한다.

돌아오는 버스 안에서 반 친구들 몇몇에게 물었다.

"친구는 그동안 동환이랑 같은 반이어서 어땠어?"

엄마인 나를 의식해서일까? 아니면 아이들의 심성이 착하기 때문일까? 나쁜 점은 하나도 없었다고 말한다. 그러면서 "동환이가 웃어서 좋았어요"라고 말한다.

가끔 아들은 비장애인들과는 다른, 우리는 꿈에도 생각하지 못할 무언가에 꽂혀서 웃음을 터트릴 때가 있다. 조용히 있던 아이가 느닷없이 웃음보를 터트리는 것이다. 아마도 어떤 우스운 생각이 머릿속에 번쩍 떠오른 것 같은데 말을 하지 않으니 왜 웃는지 알 길이 없다. 어쨌든 교실에서도 그런 적이 있었나 보다. 갑자기 터진 아들의 웃음에 다른 아이들도 따라서 웃음보가 터졌겠지.

또 한 친구는 말한다. "동환이는 귀여워서 좋았어요." 김동환이라는 이름으로 기억될 친구는 자기들이 보기에도 아기 같고 동생 같은 친구였던 것이다. 분명 교실 뒤에서 떼를 쓰기도 했고, 자리에 앉아 울기도 했을 텐데 아들을 좋게 봐준 아이들이 고맙다.

한 개구쟁이 녀석은 "동환이요? 아무 생각도 없어요"라고 시크하게 말한다. 그래. 그것조차도 고맙다. 나쁘게 기억하지 않는 것만으로도 고맙다.

소풍 장소에서 1학년 때 같은 반이었던 친구들도 만났다. 친구들은 아들을 발견할 때마다 옆에 와서 "동환아"라고 부르며 아들의 볼을 쓰다듬고, 손을 한 번씩 만져주고 갔다. 보통 초등학교 2학년 친구들끼리는 그러지 않는다. 마음이 어린 아들이기에 귀여운 동생 대하듯, 사랑스런 강아지를 대하듯 친구들도 애정을 보여주고 갔던 것이다.

나에게는 즐거운 추억으로 남은 봄 소풍이었다. 아들도 기억할 수 있다면, 즐거웠길 바란다. 오랫동안 행복한 추억으로 간직하길 바란다.

숨거나 피하지 않고
정면 대결

"엄마, 그러니까 지금 뽀로로가 정면 대결을 하지 않아서 저렇게 된 거지?"

네다섯 살이면 졸업했어야 할 〈뽀롱뽀롱 뽀로로〉를 수천 번째 반복 시청하는 남동생 때문에 의도치 않게 시리즈 전편을 달달 외우게 된 딸이 어느 날 텔레비전을 보다 말고 '정면 대결' 이야기를 꺼냈다. 딸은 초등학교 2학년으로, 아홉 살이었다.

루피가 크롱에게 주라며 뽀로로에게 케이크 한 조각을 맡기고 갔는데 케이크가 너무 맛있었던 뽀로로는 그만 크롱의 케이크를 먹어버리고 만다. 일단 사고를 쳤으니 문제는 뒷수습이다. 혹시나 이 사실이 알려질까 두려웠던 뽀로로는 크롱과 루피를 못 만나게 하려고 온갖 애를 쓰지만 결국 모든 사실이 드러나고 만다.

보통 아이들이라면 "거짓말하지 말자" 정도의 교훈을 얻었을 법한 이 이야기에서 딸이 찾아낸 것은 '정면 대결'이라는 삶의 태도였다. 그 얘기를 듣자마자 내 얼굴엔 미소가 활짝 피어났다. 바로 얼마 전 남동생 문제로 진지한 대화를 나누다 '정면 대결'이라는 단어를 처음으로 배웠는데 딸이 그 의미를 잘 이해하고 있다는 뜻이기 때문이다.

어찌하여 정면 대결이라는 말이 나오게 되었느냐.

딸은 장애인에 대한 편견이 없다. 동생의 장애에 대해 잘 알고 있는 데다 동생 덕분에 여러 곳을 다니며 지적장애, 자폐, 뇌병변과 같은 발달장애 친구들을 자주 봐온 덕이다.

그러다 보니 딸은 자연스럽게 동생을 그냥 한 인격체로 받아들였다. 자기와 똑같은 사람인데 장애가 있어서 마음이 어린 특성을 갖고 있는 사람일 뿐이었다. 그렇기에 자신의 친구들 모임에 엄마가 동생을 데려와도 창피하다는 생각은 하지 않았고 오히려 친구들과 함께 동생의 감시자 노릇을 톡톡히 했다.

"엄마, 동환이가 바지 벗으려고 해."

"이모, 동환이가 쉬 마렵대요."

아들이 손을 바지에 갖다 대는 건 쉬를 하고 싶다는 신호다. 나는 동네 아줌마들과 수다를 떨다가 아들이 바지를 내리려 한다는 첩보를 입수하면 냅다 뛰어가 화장실로 데려가곤 했다. 딸

> 딸은 자라고 있었고
> 딸의 세계는 변하고 있었다.

뿐만 아니라 딸 친구들도 아들의 특성을 잘 알고 있었기에 거리낌이 없었다.

그랬던 딸이었는데, 그랬던 나였는데 우리를 둘러싼 상황이 조금씩 변하기 시작한 건 아이들이 초등학교에 입학하고 나서부터다. 일단 나부터 변화를 느꼈다. 아이들이 어릴 때는 내가 받아들여지면 내 아들도 받아들여졌는데 초등학교에선 그렇지 않았다. 내가 받아들여지면 나만 받아들여졌다. 한 발 더 나아가 나를 받아들이고 싶어도 장애인인 아들 때문에 그럴 수 없다는 고백까지 듣게 됐다. "나는 자기가 참 좋아. 함께하고 싶은데 자기한텐 혹이 달려 있잖아." 내 아들을 혹 취급하는 관계라면 내가 먼저 사양이다. 내 아들은 혹이 아니라 보물이거든.

딸에게서도 미묘한 변화가 감지된다.

어느 날 키즈카페에서 딸의 학원 친구를 만났다. 딸 옆에서 "야갸갸갸" 하고 노는 아들을 보더니 친구가 묻는다.

"얘는 누구야?"

"내 동생이야."

"그런데 왜 말을 못해?"

"장애가 있어서 그래."

"몇 살인데?"

"……"

몇 살이냐는 질문에 아무 대답도 못하던 딸이 나를 돌아보며 도움을 청한다.

"엄마, 몇 살이라고 말해야 해?"

나는 딸이 동생을 설명하는 데 주저하며 말문이 막히는 모습을 처음으로 보았다. 딸은 자라고 있었고 딸의 세계는 변하고 있었다.

"아홉 살이잖아. 동환이는 아홉 살이야. 수인이 쌍둥이 동생이라 나이가 같아. 하지만 장애가 있어서 마음속 나이는 아직 두세 살이야. 그래서 아직 말을 못하는 거야."

내가 나서서 딸 친구에게 대신 설명을 해주자 딸은 그제야 다른 대화를 이어 나간다. 동생 이야기에 말문이 막힌 딸. 말도 못하고 행동도 이상한 동생 때문에 친구 앞에서 부끄러운 마음이 들었다는 걸 알 수 있었다.

이것은 시작일 뿐이었다. 얼마 뒤 딸이 더 놀랄 만한 이야기를 한다. 앞으로 키즈카페는 가지 말자고 한다. 그냥 동네 산책이나 다니자고 한다. 왜 그러냐고 물으니 키즈카페에서 친구들을 만나는 게 싫단다. 자꾸 동생에 대해 물어본단다. 한 번 설명을 해줘도 그다음에 만나면 또 물어본단다. 동네 산책을 할 때도 친구들을 만나긴 하는데 산책할 때는 서로 인사만 하고 지나가기 때문에 동생에 대해 묻지 않는단다. 나는 말문이 막히고 말았다.

딸도 머리가 커간다. 자신은 편견 없이 동생을 받아들이더라도 모든 친구들이 그렇지는 않다는 걸 눈치채고 있는 것이다. 나와 내 남편이 겪는 외부의 시선을 내 딸도 감내해야 할 시기가 다가왔다는 뜻이다. 그래서 '장애인의 날'을 앞둔 어느 날 딸을 불렀다. 곧 학교에서 장애 이해 교육을 받게 될 텐데 그때 동생 때문에 수치심을 느끼고 위축될 수 있으니 미리 마음의 준비를 시키는 게 좋을 것 같았다.

"가끔 동환이 때문에 창피할 때도 있니?"

내가 묻자 딸은 그렇다고 고개를 끄덕인다. 길 한가운데서 떼를 쓰며 드러눕거나 소리를 지를 때 조금 창피하단다.

"그래. 동환이가 장애인인 게 어디 가서 자랑할 일은 아니야. 하지만 창피하다 해서 숨기고 살아야 할까?"

딸은 아무런 말이 없다.

"수인이 유치원 친구들에게 동환이에 대해 숨기지 않고 처음부터 다 얘기하고 같이 다녔더니 어때? 지금은 아무도 이상하게 보지 않지? 그런데 만약 동환이가 장애인인 게 창피하다고 처음부터 숨겼으면 어땠을까? 동환이를 할머니 집에 맡겨두고 우리끼리만 친구들 만나러 다녔으면 어땠을까? 끝까지 숨길 수 있었을까? 그러다가 길에서 친구들이 동환이를 보게 됐는데 장애가 있다는 걸 나중에 알게 됐다면 어땠을까?"

정면 대결이라는 건 내가 아무리 발버둥 치며
노력해도 세상은 바뀌지 않으니 결국 세상과
어떻게 맞설 것인가를 정하는 문제다.

"이상하다고 흉봤을 거야."

"그래. 하지만 지금은 어때? 아무도 동환이를 흉보지 않지? 왜 그럴까? 창피하다고 숨기지 않고 처음부터 당당하게 말했기 때문이야."

숨기거나 피하고 싶은 일이 있을 때 숨기거나 피하지 않고 정면에서 헤쳐 나갈 필요가 있고, 이런 걸 '정면 대결'이라고 하는데 앞으로 살면서 꼭 필요한 자세라고 말해주었다. 순간 창피하다고 피해버리면 나중에 더 힘들어진다는 점을 강조했다.

정면 대결이라는 건 내가 아무리 발버둥 치며 노력해도 세상은 바뀌지 않으니 결국 세상과 어떻게 맞설 것인가를 정하는 문제다. 편견으로 가득 찬 세상 속을 당당히 걸어 나가겠다는 태도다.

진지하게 듣던 딸이 "맞아"라고 맞장구치더니 자기가 한 발 더 나아간다.

"동생이 장애인인 게 뭐 어때서? 자기들이 장애인을 안 키워봤으니 몰라서 그런 거잖아. 이렇게 귀여운걸. 마음이 어린 장애인이 얼마나 귀여운데."

씩씩한 딸을 보니 안심이 되었다. 그러고 나서 얼마 뒤 〈뽀롱 뽀롱 뽀로로〉에서 정면 대결의 좋은 예를 찾아내기까지 한 것이다. 잘 이해했구나 싶어서 웃음이 절로 났다.

처음부터 숨기지
않았던 이유

장애인을 가족으로 둔 사람들은 매 순간 선택의 기로에 선다. 자식에게 장애가 있다는 걸 말해야 할까? 아니면 숨겨야 할까? 물론 상황마다 다르지만 사람들은 대체로 한 가지 태도를 일관되게 유지한다. 처음부터 완전히 알리거나, 숨길 수 있을 때까지 숨기거나.

나는 처음부터 알렸다. 장애 확진을 받기 전부터 아이가 다르다는 걸 주변에 알렸다. 무슨 신념이 있어서가 아니다. 숨기면 약점이 되지만 스스로 드러내면 더 이상 약점이 되지 않기 때문이다. 한마디로 아들을 위해서가 아니라 나 자신을 위해 먼저 드러낸 셈이다.

말할 용기를 냈다고 해서 처음부터 마음까지 단단해지는 것은 아니다. 보통 먼저 알리는 이는 용기가 있어서 어떠한 반응에도 의연하게 대처하리라 생각하는데 사실 전혀 그렇지 않다. 일단 알리고 나면 그때부터 '낙인'이 찍힌다. 저 아이는 장애인, 저

숨기면 약점이 되지만 스스로 드러내면
더 이상 약점이 되지 않기 때문이다.

사람들은 장애 아이의 부모. 고정관념과 편견에 싸인 세상 사람
들과의 사투가 그때부터 시작된다.

그러다 보니 나에 대해, 내 아들에 대해 잘 알기도 전에 미리
선을 그어버리는 경우도 생겼다. 그럴 때는 뭐 "잘 가시오" 하고
보내주는 게 답이다. 이런 꼴 저런 꼴을 겪어 나가며 세상 사람
들로부터 점차 마음이 단단해지는 법을 배운다. 물론 그 사이사
이마다 남몰래 흘리는 눈물도 한 바가지다.

돌이켜보면 나는 아들의 장애를 일찍부터 주변에 알린 게 결
과적으로 좋았다고 생각한다. 친구인 척하는 자와 진짜 친구를
가려낼 수 있었고, 사람들의 편견에 더 빨리 노출되면서 그에 적
응하는 법 역시 더 빨리 터득할 수 있었다. 덕분에 장애인 가족
으로서 세상과 어떤 식으로 관계를 맺어가야 하는지 답을 찾게
된 듯하다. 아들의 장애를 모두에게 공개하고 별별 일을 다 겪으
면서 가야 할 방향성도 정립되기 시작한 것이다.

나와 남편이 지나왔던 길을 이제 우리 딸이 가려고 한다. 초등
학교 3학년. 머리가 커가기 시작하고 뭘 좀 알아가는 나이가 되
었다. 작은 고비가 한 차례 있었지만 다행히 출발은 순조롭다.
사춘기쯤에 다시 한 번 고비가 오지 않을까 예상은 한다.

나도 마음을 다잡는다. 딸이 말했듯 "장애인인 게 뭐 어때서?" 사람들이 장애인을 키워보지 않아서 모를 뿐이다. 얼마나 귀여운지, 얼마나 사랑스러운 존재인지. 으쌰! 기합을 넣는다. 정면 대결이다. 상대가 누구든, 무엇이든.

엄마,
너무 힘들어하지 마

평소 나는 다큐멘터리 프로그램을 잘 보지 않는다. 우주의 신비를 다룬 다큐멘터리는 일부러 찾아서도 보지만 우리네 이웃의 현실을 가감 없이 보여주는 다큐멘터리는 애써 외면한다. 장애가 있는 아들을 키우는 내 삶이 곧 다큐멘터리인지라, 굳이 남의 힘든 현실에까지 공명되고 싶지 않아서다.

하지만 이번엔 리모컨을 들고 VOD에서 다큐멘터리 하나를 찾는다. 한 장애인 가족의 삶을 9년에 걸쳐 추적한 다큐멘터리다. 장장 9년이라는 '시간'이 장애인 가정에 미치는 힘을 내 눈으로 확인하지 않고는 배길 수 없었다.

30대의 성인이 된 자폐증 아들을 위해 노모는 자신의 생애를 전부 바친다. 동생인 비장애인 형제는 엄마의 손길이 그립다. 엄마의 눈은 언제나 장애가 있는 형을 향하고 있다. 가족 안에서 많은 갈등이 일어나지만 결국은 서로를 받아들이고 가족임을 재

그네만 너무 열심히 타지 않으려 한다.
그네도 시소도 미끄럼틀도 조금씩 다 타보려 한다.

확인한다.

여러 가지 생각이 밀려들어 집중해서 보고 있는데 숙제를 마친 딸이 거실로 나와 합류한다. 내 옆에 자리를 잡고 앉아 함께 텔레비전을 본다. 가만히 지켜보던 딸이 묻는다. "저 동생은 형한테 왜 저런 말을 해?" "저 엄마는 왜 저렇게 힘들어해?" 나는 장애인인 형을 열심히 돌보느라 그동안 엄마도 동생도 많이 힘들었다고 말해준다.

"엄마도 원래는 저렇게 열심히 동환이를 돌봐야 하는데 엄마는 조금 덜 힘들게 살래. 동환이를 조금 덜 열심히 돌보려고 해. 그 대신에 수인이도 돌보고, 아빠도 돌보고 그러려고. 동환이한테는 미안하지만 엄마는 그렇게 해보려고 해."

나는 딸이 이해할 수 없을 의미의 얘기를 꺼낸다. 마치 나 스스로에게 다짐이라도 하듯.

잠시 생각하던 딸이 말한다.

"그러니까 놀이터 같은 거네? 놀이터에 그네랑 미끄럼틀, 시소가 있으면 저 엄마는 그네만 열심히 탄 거고 엄마는 그네, 미끄럼틀, 시소를 다 조금씩 타겠다는 거네?"

웃음이 터진다. 내 말을 이해한 건가? 그렇다고 말하니 딸이 내 목을 꼭 껴안고 말한다.

"엄마, 너무 힘들어하지 마. 너무 힘들면 텔레비전에 나가서 도와달라고 해. 배고픈 아프리카 어린이들을 도와달라고 하는 것처럼 엄마도 텔레비전에 나가서 힘들다고 도와달라고 꼭 말해."

그래. 나는 꼭 그러겠다고 약속을 한다. 딸하고 약속도 했으니 나는 너무 많이 힘들어하지 않으려 한다. 그네만 너무 열심히 타지 않으려 한다. 그네도 시소도 미끄럼틀도 조금씩 다 타보려 한다. 한번 그렇게 해보려고 한다.

발달장애인,
몇 살로 대해야 하나요?

동생이 몇 살이냐는 친구의 질문에 딸이 대답하지 못했던 일을 되돌아본다. 장애가 있는 동생에 대해 부끄러운 마음이 들었다고 여기기엔 뭔가 놓친 부분이 있는 것 같다.

그래. 나이다. 딸은 동생의 나이가 혼란스럽다. 몸은 열 살인데 정신연령은 두 살. 집에서는 두 살로 대하는 어린 동생인데 다른 사람들에겐 몇 살이라고 말해야 되지? 친구 앞에서 주저함을 보였던 딸의 행동에는 발달장애인을 몇 살로 대해야 하는지의 문제가 포함돼 있다.

자폐나 자폐스펙트럼, 뇌병변 등 상당수 발달장애인은 인지 문제를 갖고 있다. 정신연령이 신체 나이보다 어리다. 하물며 우리 아들처럼 대놓고 정신연령이 어린 '지적장애인'이라면 말할 필요도 없다. 그렇다 보니 나조차도 혼란스럽다. 우리 아들은 열 살일까? 두 살일까?

작년 특수학교 전학을 결정하고 얼마 뒤 있었던 일이다. 전학을 가게 될 학교를 찾아가 담임 선생님과 사전 면담을 했다. 아들의 특성 및 학교생활 전반에 관한 얘기를 나누고 준비물을 확인하는데 담임 선생님이 양치 도구를 준비하라고 한다.

"준비는 해서 보낼 텐데 양치질이 가능할지는 모르겠어요."

아들은 누워서 양치질을 한다. 내가 양반다리를 하고 앉아 다리 위에 아들 머리를 누인 뒤 치카치카 양치질을 시킨다. 앉거나 서서 양치질을 시키려고 하면 막무가내로 고개를 돌려버린다. 게다가 아직 양치한 물을 뱉는 법도 몰라 신생아들이 쓰는 '먹어도 되는 치약'으로 양치질을 한다.

담임 선생님이 걱정을 한다. 아기들이나 누워서 양치질을 하는 법이고, 비록 동환이가 인지는 낮아도 실제로는 아홉 살이니 그에 걸맞은 대우를 해줘야 한다고. 언제까지나 아기 취급 하면 아이는 혼자서 아무것도 할 수 없는 어른으로 자라게 된다고 조언한다.

맞는 말이다. 의심의 여지 없이 맞는 말이다. 익히 알고 있던 바이기도 하다. 나 또한 이 문제에 대해 숱하게 고민을 했었다. 그런데 이게 머리로는 이해할 수 있지만 현실에선 영 적용하기가 힘든 문제다. 아무리 열 살이라는 최면을 걸고 아들을 바라

언제까지나 아기 취급 하면 아이는 혼자서
아무것도 할 수 없는 어른으로 자라게 된다.

봐도 하는 짓이 두 살 아기인 아들 앞에서 곧 무장해제가 되고
만다.

아들의 나이는 두 개다. 먼저 누구나 알고 있듯 신체 나이는
열 살이다. 그것도 키가 큰 초등학생이다. 쌍둥이 누나보다 10센
티미터 이상 크다.

다음으로 정신연령. 인지 면에서는 아직 두 돌이 채 안 된 것
으로 추정된다. 작년 초 실시했던 심리검사에서도 비슷한 평가
를 받았다. 하지만 두 돌이 뭐야, 어떤 부분에선 아직 돌도 안 지
난 것 같다.

그런데 잠깐. 여기서 생활연령이라는 개념이 나온다. 생년월
일을 기준으로 출생 시부터 만으로 몇 년 몇 개월이 지났는지를
따진다. 아들은 열 살이지만 생활연령으론 여덟 살을 갓 넘었다.
보통 아이들은 자신의 생활연령에 맞는 행동을 보이고 사고를
한다. 하지만 아들은 열 살의 몸을 지니고 있으면서, 생활연령은
여덟 살보다 어리고 정신연령은 두 살 언저리인 이상야릇한 지
대에서 살고 있다.

예를 들어 두 돌 된 조카들과 비교해보니 아들의 인지는 조카
들의 발밑에도 미치지 못한다. 같은 상황에서 같은 말을 해도 두

돌 된 조카들은 알아듣지만 아들은 못 알아듣고 혼자 딴짓을 한다. 할아버지 방에 있는 공을 하나씩 갖고 오라고 하면 조카들은 재빨리 일어나 갖고 오는데 아들은 그 뜻을 이해하지 못해서 멀뚱히 서 있다.

하지만 때로 조카들이 할 수 없는 일을 아들은 할 수 있다. 큰 키와 힘 센 팔을 이용해 잠겨 있는 창문을 열 수도 있고, 상도 펼 수 있다. 조카들이 시시때때로 울며 토라지고 떼를 쓸 때도 아들은 점잖게 제 할 일을 한다. 마치 속으로 '아직도 떼를 쓰니? 아기들 같으니라고' 하는 것 같다. 물론 아들도 한 번 떼를 쓰면 지독하게 쓰지만 아들이 난리를 피우는 상황은 몇 가지로 정해져 있는 편이다.

느리게
커갈 뿐이다

이렇듯 아들의 나이가 두 개, 아니 세 개다 보니 딸은 물론 나조차도 아들을 몇 살로 대해야 할지 혼란스러울 때가 많다. 우리 가족은 아들을 정신연령에 맞춰 대해왔다. 딸이 화장실에서 볼 일을 보는 건 당연한 일이지만 아들이 변기에 앉아 힘을 주면 온 가족이 들고 일어나 칭찬을 퍼부었다. 어쩌다 벗은 옷을 빨래 바구니에 갖다 넣기라도 하면 "아이고, 이놈이 사람 노릇 제대로 하네"라며 잔치 분위기가 되었다. 모두가 아기 취급을 했던 것이다. 그러다 보니 종종 "동환이에 대한 기대치가 너무 낮은 것 아니냐"라는 지적을 받기도 한다.

나도 처음부터 그랬던 것은 아니다. 지적장애 확진을 처음 받았을 때만 해도 아들을 대한민국 최초의 지적장애인 출신 서울대 박사로 키우겠다는 야무진 꿈을 꿨다.

자폐 아이를 키운 선배를 통해 유치원 때는 장애 1등급이었는데 엄마의 노력으로 초등학교 6학년 땐 전교 학생회장까지 한아이가 주변에 있다는 얘길 듣고 나도 욕심을 부렸다.

"1등급 장애인이 6년 만에 전교 학생회장을 할 수 있으면 2등급 장애인인 우리 아들은 15년 후에 서울대학교에 입학할 수 있을 거야. 뒷바라지 열심히 해서 훗날 지적장애인 출신 서울대 박사로 키워야지. 노벨상까지 따게 만들어야지."

장애를 엄마가 노력해서 고칠 수 있는 병으로 인식하고 있었던 게다. 하지만 어느 순간부터 장애는 '완치되는 병'이 아니라 평생 지니고 살아야 하는 '하나의 특성'임을 알게 되었다. 이런 현실을 깨닫고 이런 일 저런 일 겪어 나가면서 아들에 대한 욕심도 하나씩 내려놓았다.

아들을 있는 그대로 인정하고 현실적인 목표를 세웠다. 그에 따라 해야 할 일과 실행 계획도 세웠다. '서울대 보내기'라는 막연한 목표가 아닌 운동화 찍찍이 힘줘서 누르기, 윗도리 혼자서

나는 '아픈 아이'라는 말에 조용히 반대표를 던진다.

입기, 포크로 반찬 집어 먹기 등의 목표를 세웠다.

그런데 이번엔 내려놔도 너무 내려놨나 보다. 어느새 아들을 너무 아기 취급 하고 있는 나를 발견한다. 언제나 그렇듯 중용이 가장 어렵다.

발달장애인을 몇 살로 대하느냐는 중요한 문제다. 그에 따라 부모는 아이를 다른 마음가짐으로 대하게 된다. 무엇보다 '책임'이라는 측면에서 부모의 기대치가 달라진다. 신체 나이에 따른 대접을 하게 되면 장애가 있는 아이에게도 책임감을 가르치게 된다. 벗은 옷은 제자리에 두게 하고, 자기 물건은 스스로 챙기도록 교육을 시키게 된다. 두 살짜리 아기가 장난감을 못 치우는 건 당연한 일이라서 부모가 대신 치워주지만, 열 살짜리 어린이가 그러면 혼을 내고 스스로 정리하게 하는 것처럼 말이다.

하지만 그렇게 접근하면 부모 혼자 앞서 나갈 수도 있다. 부모가 아이의 속도를 세심하게 관찰해야 한다. 발달과정상 할 수 없는 일들만 잔뜩 요구받게 되면 아이는 혼란에 빠지고 위축된다. 자존감이 떨어진 아이는 어느 순간부터 스스로 할 수 있는 일조차 하지 않으려 들 수도 있다. 실패의 경험이 무서운 것이다. 아이는 갈수록 움츠러들고 부모는 갈수록 화만 내게 된다. 모두가 불행해지는 것이다.

그렇다고 작은 성취에도 그저 기뻐하며 정신연령에 맞춰 대하자니 발달 측면에서 봤을 때 큰 발전이랄 게 없다. 뭘 해도 마냥 예쁜 아기인 것이다. 참 어려운 문제다. 부모를 처음 해보는 입장이라 어렵고, 장애 아이의 부모는 더더욱 처음이라 더 어렵다.

"우리 아이가 아파서……"라며 자식을 '아픈 아이'라고 말하는 장애 아이 엄마들이 있다. 아들이 다녔던 일반 학교의 장애 이해 교육도 '아프다'라는 관점에서 실시되었는지 친구들은 아들에게 보냈던 짧은 편지에 너나 할 것 없이 "네가 빨리 나았으면 좋겠어"라고 썼다.

나는 '아픈 아이'라는 말에 조용히 반대표를 던진다. 우리 아들은 병에 걸린 게 아니다. 신체가 아픈 것도, 정신이 아픈 것도 아니다. 그저 생각 회로가 남들과 같은 속도로 돌아가지 않을 뿐이다. 아픈 사람이 아니라 느리게 커 나가는, 마음이 어린 사람일 뿐이다. 나는 그렇게 생각한다.

아빠의 고백:
나는 아직도 두렵다

문득 궁금해졌다. 장애 아이를 키우는 아빠의 삶은 어떨까? 맨날 보는 남편과는 아이들에 대해서 많은 이야기를 나눈다. 어떤 마음가짐으로 살고 무엇을 향해 나아가는지도 서로 잘 알고 있다.

하지만 생각해보니 남편의 '진짜' 속마음을 진지하게 들어본 적은 없는 것 같다. 그저 일반 가정의 아빠들보다 더한 가장의 무게에 짓눌려 산다는 것 정도만 느끼고 있을 뿐이다. 나는 알고 싶었다. 장애 아이의 아빠로 살아가는 삶이란 무엇인지 또 엄마의 삶과는 어떻게 다른지. 더 속속들이, 더 깊이 알고 싶어 속마음을 이야기해달라고 부탁했다. 이어지는 글은 아빠의 이야기다.

장애 아이 아빠로
산다는 것

어디서부터 이야기할까. 나를 닮아 머리가 무지하게 큰 아들 녀석은 이상하리만치 발달이 늦었다. 걱정하는 우리 부부에게 양가 할머니들은 "늦는 아이들이 있다"라며 안심을 시켰다. 하지만 웬걸. 머리가 무거워 발달이 늦는 줄 알았던 아들은 지적장애 2급의 장애인이었다. 끝내 장애 확진을 받던 날 "그럼 이제 어쩌지?"라는 생각만 머릿속에 맴돌았다.

우선 슬퍼해야 했다. 그것조차 허락되지 않는다면 정신이 폭발해버릴지도 모른다는 공포감이 밀려왔다. 그날 하루는 아내도 음주를 허락했다. 술을 진탕 마시고 들어와 곯아떨어졌다. 만취한 다음 날 아침, 내 기억으로 그날은 유일하게 아내가 바가지를 긁지 않은 날이었다.

눈을 떴다. 오늘부터 난 쌍둥이 아빠가 아닌 장애 아이의 아빠다.

훗날 나보다 훌쩍 더 큰 아들과 "날도 더운데 요 앞 편의점에서 맥주 한 캔씩 하고 갈까?"라거나 "엄마랑 누나 몰래 오늘은 남자끼리만 뭉치는 거다"라는 대화를 주고받을 일은 내 인생에서 사라졌다.

대신 난 대소변을 가리지 못하는 아들을 위해 기저귀를 사다 날랐고, 시간이 나는 대로 아들의 등교와 치료실 순방을 위해 운

눈을 떴다. 오늘부터 난

쌍둥이 아빠가 아닌 장애 아이의 아빠다.

전기사 노릇을 했다. 때로는 힘이 넘치는 아들을 적절히 제압하기 위한 보안관도 되었으며, 길 한가운데서 드러누운 아들에게 "어부바"라고 하며 등을 내줘야 했다.

그래서 힘들었냐고? 전혀! 내 눈에 우리 아들은 그저 작고 예쁜 어린아이였다. 지적장애로 인해 나타나는 '증상' 자체가 나에겐 애교로 보였다. 언제나 아기 같은 우리 아들.

문제는 아이가 커가면서 시작됐다. 아이가 초등학교에 입학하고 키가 훌쩍 크면서 남들과 다른 행동은 타인에게 혐오의 대상이 됐다. 길을 오갈 때마다 마주치는 주변 사람들의 눈빛, 난 그 눈빛이 가장 견디기 힘들었다.

24시간 아들을 밀착 보호하는 아내는 그런 눈빛에 익숙해져 있었다. 똑같은 부모이긴 하지만 아들과 모든 일상을 함께하지 않는 나에겐 모든 게 생경했다. 처음에는 충격이 왔고 다음에는 분노가 왔다. 가끔씩 아들이 특이 행동을 보일 때마다 경멸의 눈빛을 드러내며 스쳐 지나는 사람들이 있었다. 속에서 끓어오르는 불같은 화를 이기지 못하고 그들이 듣게, 아니 일부러 들으라고 그들을 향해 막말을 내뱉곤 했다.

그때마다 아내는 참으라며 옆에서 전전긍긍한다. 이 정도 일에 그렇게 반응하면 앞으로 숱한 날들을 어떻게 살겠느냐고. 맞는 말이다. 그런 눈빛에서 자유로워질 수 있는 나만의 방법을 찾아야 한다. 마라톤 경주로 치면 이제 겨우 초반 5킬로미터를 달려왔을 뿐이니.

사실 난 두려웠던 것인지도 모른다. 장애 아이를 키우는 가장인 나는 마음속에 품은 두려움을 길에서 마주치는 사람들에게 쏟아댔는지도 모른다. 지금도 때때로 두렵다. 하지만 나를 더 두렵게 하는 건 앞으로 조금 더 시간이 지나면 아들이 사람들의 시선에 두려움을 느낄지도 모른다는 사실이다.

아들이 초등학교에 입학한 둘째 날이었다. 옆을 지나가던 한 학년 위의 형 둘이 "저 병신 새끼 또 왔네"라고 했다. 아들이 교실로 들어가자 같은 반 친구는 "바보 왔다"라고 외쳤다. 아들은 아직 그 말의 의미를 모른다. 그런 말들의 의미를 아들이 알게 될 그 순간이 두렵다. 분명한 건 아내가 나보다는 더 용감하다는 것이다. 엄마는 여자보다 강하다는 게 맞는 말 같다. 아내는 살아 있는 개미 한 마리도 손으로 못 만지지만 세상과 맞짱 뜰 용기는 아빠인 나보다 더 드높다.

내 아들이 장애인이라는 걸 받아들이고 나자 아빠로서 포기해야 할 것들도 생겨났다. 단순하게는 이런저런 취미 생활을 포기했다. 친구들과의 친목 모임, 가끔씩 당구 한 게임, 헬스장에 가서 받는 개인 트레이닝 등과는 작별을 고했다. 외벌이로 아들

나를 더 두렵게 하는 건 조금 더 시간이 지나면
아들이 사람들의 시선에 두려움을
느낄지도 모른다는 사실이다.

의 치료비까지 감당하려면 취미 생활을 할 여유는 없었다.

그리고 직업적 성공을 포기했다. 내가 일하는 분야는 타 직업
군에 비해 이직이 잦다. 소속된 회사의 영향력이 무엇보다 강하
게 작용하는 곳이기도 하다. 이쪽 분야에서 성공을 하려면 어느
정도 경력을 쌓은 뒤 영향력이 큰 회사로 이직해 이력을 계속 업
그레이드시켜야 한다.

이직을 결심하고 선택의 갈림길에 설 때마다 나는 성공의 법
칙과는 정반대로 나아갔다. 회사의 영향력보단 돈을 한 푼이라
도 더 주는 곳으로 옮겨 다녔다. 아이러니하게도 회사 규모가 작
고 업계 내 영향력이 적을수록 연봉은 더 높았다. 나라고 왜 큰
물에서 놀기 싫었겠는가! 나라고 왜 이왕이면 더 큰 회사에 다니
며 목에 힘주며 살고 싶지 않았겠는가!

하지만 부부의 노후 준비는 시작도 하지 못한 상태에서 장애
인인 아들까지 평생 책임져야 한다는 부담감은 가장인 내가 짊
어져야 할 몫이었다. 나의 최대 효용가치는 돈을 10만 원이라도
더 많이 벌어 오는 것이었다. 그것이 나 자신을 포기하는 대신
가족 모두를 살리는 길이었다.

그렇게 만으로 8년, 장애 아이의 아빠로 살았다. 아내가 자신의 이름을 버리고 '동환이 엄마'로만 살아온 것처럼 나 역시 내 꿈을 포기하고 돈을 버는 기계로 살았다. 그것이 장애인인 아들과 나머지 가족을 위하는 길이라고 생각했다.

하지만 지금은 아니다. 장애 아이의 부모라는 것에 너무 얽매여 살 필요가 없다는 것을 깨달았다. '장애 아이의 아빠'로만 살아온 것이 여러 면에서 오히려 더 안 좋은 결과를 가져왔기 때문이다.

나 자신은 지켜야 했다. 평범한 다른 아빠들처럼 내 삶을 꾸려가야 했다. 가족을 위하되 자신도 위할 줄 알아야 했다. 장애 아이의 아빠로만 사느라 나 자신을 지키지 못하면 결과적으로는 내 아들도 지켜낼 수 없음을 깨달았다. 이런 생각을 하게 되기까지 눈물 없인 들을 수 없는 장대한 드라마가 있지만 일일이 다 풀어내자면 밤을 새워도 모자라니 생략하겠다.

어쨌든 이러저러한 과정을 거쳐 불혹을 넘긴 지금은 다시 내 꿈을 찾기 위해, 나 자신을 지키기 위해 맨땅에 헤딩을 하고 있다. 장애 아이를 키우는 일은 장기전임을 인식하고 인생을 길게 보기로 한 뒤 내린 결정이다.

앞으로 40년을 더 산다고 가정하고 그중에서 2, 3년만 기꺼이 내 꿈을 위해 투자하기로 마음먹었다. 당장 한두 푼을 더 벌기보다 내가 잘하고 좋아하는 일에서 성공해 우리 가족에게, 장애

'아들 때문에'라고 생각했던 것들이
이제는 '아들 덕분에'로 바뀌어가고 있다.

인인 아들에게 더 많은 경제적 여유와 평안함을 안겨주고 싶다.

기본적인 생활비 외에도 매달 들어가야 할 자식의 치료비가 있는 장애 아이의 아빠로서는 내리기 힘든 결정이었다. 하지만 장애 아이의 아빠가 아닌, 인생의 갈림길에 선 40대 남성이라면 얼마든지 도전해볼 수 있는 일이다. 그래서 뛰어들었다. 장애 아이 부모로서가 아닌 그냥 평범한 중년 아저씨로서, 인생 2막으로의 도약을 꿈꾸며.

가끔은 아들이 미울 때도 있었다. 평범한 아이였다면 네 엄마도 일을 계속했을 테고, 자신의 이름을 버리지 않아도 됐을 거고, 자신의 행복을 찾아도 되는지 마는지 고민하지도 않았을 것이다. 나 역시 아내와 경제적 부담을 나누고 지금 하고 있는 일을 몇 년쯤 앞당겨 시작할 수 있었을 것이다. 무엇보다 쌍둥이로 태어난 누나는 공주 대접만 받으며 도도하고 귀한 아가씨로 자랄 수 있었을 것이다. 이 모든 게 아들 때문에, 너 때문에 바뀌어버렸다.

하지만 아이러니하게도 가족 모두의 인생을 바꿔버린 아들 놈 때문에 우리 가족 모두가 어디에서도 누리지 못할 즐거움과 행복을 누리는 순간이 많다. 한없이 순수한 마음을 가진 어린아이가 주는 행복감을 나는 매일 맛보며 산다. 시간이 흘러도 언제까지나 변치 않을 행복이다.

"화가 바뀌어 복이 된다"라는 말이 있다. '아들 때문에'라고 생각했던 것들이 이제는 '아들 덕분에'로 바뀌어가고 있다. 설령 그렇지 않더라도 그렇게 만들어야겠다. 남들과 좀 달라도 나한테는 최고로 예쁘고 사랑스러운 내 새끼니까.

3부

품위 있는 사회를 위해

텔레비전에서
'동네 바보 형'을 추방합시다

집 근처 대형 마트에 도착해 카트를 빼고 이제 막 장을 보려는 순간, 아들이 "잉잉"거리며 떼를 쓰기 시작한다. 휴대전화로 〈뽀롱뽀롱 뽀로로〉를 보고 있는 한 꼬마를 발견하고는 자기도 휴대전화를 보여달라고 하는 것이다. 말을 못하니 달라고 말하는 대신 내 가방을 열려고 한다. 가방 안에 휴대전화가 없으니 이제 아빠 바지 주머니도 뒤진다. 휴대전화 보는 시간을 조금씩 줄여가고 있던 터라 나는 "안 돼"라고 단호하게 말했다.

"이이이이이잉잉" 하고 떼를 쓰는가 싶더니 곧이어 쥐어짤 수 있는 최대한의 성량으로 비명을 지르며 운다. 팔다리를 휘저으며 몸을 앞뒤로 구르고 바닥에 머리도 박는다.

발달장애가 있는 아이들에겐 이처럼 때때로 '난리'를 부리는

사람들은 약속이라도 한 듯 동시에
행동과 말을 멈추고 남편과 아들을 쳐다본다.

순간이 온다. 세상 끝난 듯 울어대며 진정이 안 되는 그 순간을 장애 아이 부모들은 '터지는 순간'이라 표현하는데, 아들에게도 '터지는 순간'이 온 것이었다. 아들이 제 힘에 못 이겨 뒤로 넘어가자 나는 "에휴. 이왕이면 장이라도 보고 나서 터지지. 왜 하필 지금이야"라고 말한다. 귀청을 울리는 아들의 울음소리에 남편의 얼굴은 순식간에 붉어지고 딸은 귀를 막는다.

'터지는 순간'이 오는 이유는 다양하다. 우리 아들 같은 경우 원하는 것을 얻지 못했을 때 터진다. 말로 의사를 밝힐 줄 모르니 온몸을 이용해 자신의 불쾌한 의사를 표현하는 것이다.

일정한 수준의 강박이 있는 자폐증 아이의 경우에는 늘 하던 패턴이 달라졌을 때 '터지는 순간'이 오기도 한다. 그러니까 평소에는 1층부터 차례대로 과자를 구경한 뒤 지하 1층 식료품점에 가서 장을 보곤 했는데 어쩌다 엄마가 지하 1층을 곧바로 가거나 옷을 사기 위해 1층에 가지 않고 다른 층을 먼저 들르면 난리가 나는 것이다. '마트에 가면 이러이러한 순서에 따른다'라는 일상의 법칙이 깨졌기에 불안감을 느껴서다.

어쨌든 장 보는 건 물 건너갔다. 남편이 난리 치는 아들을 카트에 태운다. 지하주차장으로 가기 위해 엘리베이터를 향해 간다. 엘리베이터까지는 약 백 미터 남짓인데 그사이 놀라운 일이 벌어진다.

웅성거리던 마트 안에 일순 정적이 찾아온다. 사람들은 약속이라도 한 듯 동시에 말과 행동을 멈추고 남편과 아들을 쳐다본다. 모든 인물과 사물이 정지한 상황에서 카트를 끄는 남편의 빠른 발걸음만 움직이고 있다. 마치 영화의 한 장면 같다. 뒤에서 그 모습을 지켜보며 걷던 난 이상하게 웃음이 나온다. 정지된 화면 속에서 움직이는 단 하나의 개체가 한눈에 들어오면서 현실감이 사라진다. 그저 이 모든 상항이 너무나 우스워서 웃음이 터져버린다.

주차장에 내려가서도 아들은 계속 운다. 차에 타지 않고 버틴다. 엄마의 치마를 잡아당기고 바닥에 드러누워 뒹군다. 나는 아들 옆에 서서 무심한 듯 그 모습을 지켜본다. 어떤 말도 하지 않는다. 아들이 배워야 하기 때문이다. 울고 떼쓰는 것으로는 아무것도 얻을 수 없음을.

20분 넘게 그 난리를 치고 나서야 진정이 된다. 이제 스스로 일어난다. 엄마 손을 잡는다. 차를 타러 간다. 차에 타서는 "잉" 하며 내 얼굴을 잡고 자신의 볼에 갖다 댄다. 뽀뽀해달라는 거다. 위로해달라는 거다. 미워하지 말라는 거다.

이렇듯 아들에게 '터지는 순간'이 왔을 때 해결책은 하나다. 기다려주는 것이다. 하지만 마트 안에서는 그 기다림을 할 수 없

많은 경우 사람들의 '시선' 때문에
발달장애 아이들은 경험을 통해 배울 수 있는
기회를 박탈당하곤 한다.

으니 장을 보지 못하고 발길을 돌릴 수밖에 없었다. 사실 나는
얼마든지 기다릴 수 있었다. 기다리기만 하면 진정이 된다는 걸
알고 있으니까. 그러나 마트 안에 있는 다른 이들을 위해 장보기
를 포기했다. 아들을 카트에 태워 주차장에 데리고 가는 것으로
그 순간을 벗어났다. 그것이 못내 아쉽다.

육아를 하다 보면 누구나 한 번씩 경험하게 된다. 생후 18개월
이 지나면서 처음으로 자신의 주장을 펴기 시작하는 나이가 되
면 아이들은 고집이 생긴다. 미운 네 살쯤 되면 마트에서 장난감
을 사달라고 떼쓰는 아이를 흔하게 볼 수 있다.

아직 마음이 어린 발달장애 아이들도 그 아이들과 다를 바 없
다. 다만 덩치가 그 아이들보다 클 뿐이다. 그렇기에 발달장애
아이들은 더 열심히 배워야 한다. 떼쓰기로는 원하는 것을 얻을
수 없다는 것을. 그런 것들은 많은 경험을 통해서 배울 수 있다.
마트에서, 식당에서, 워터파크에서, 학교에서, 지하철에서, 길에
서 "아무리 떼를 써도 원하는 걸 얻을 수는 없구나"라는 걸 배워
야 한다.

이를 위해 어른들이 할 일은 기다려주는 것이다. 스스로 진정

이 될 때까지, 스스로 포기하고 상황을 받아들이기까지, 그런 경험이 축적되기까지.

하지만 많은 경우 사람들의 '시선' 때문에 발달장애 아이들은 경험을 통해 배울 수 있는 기회를 박탈당하곤 한다. 주변의 '시선'을 감당하지 못한 부모들이 아이를 강제로 제압해 그 상황을 모면하는 것이다. 그렇게 되면 아이는 아무것도 배우지 못한다. 다음번에 같은 상황이 오면 또 같은 행동을 한다.

그렇다면 어찌해야 할까? 불편한 시선으로 쳐다보는 관람객을 위해 완력을 써서라도 민망한 상황을 모면해야 할까? 부모가 아이를 들쳐 업고 사라지는 것으로? 아니면 무언의 양해를 구하고 아이가 배울 기회를 만들어줘야 할까?

나는 후자를 택하련다. 하지만 이건 나 혼자 선택한다고 해서 될 일이 아니다. 모두의 도움이 있어야 가능한 일이다.

발달장애 아이들의 '터지는 순간'은 자라면서 점점 줄어들다가 없어진다고 한다. 하지만 그 시간을 1년이라도 단축하려면 이 아이들이 배울 기회의 장이 일상 속에서 자주 제공되어야 한다. 그러지 못하면 성인이 되어도 마트에서 초콜릿 사달라며 발을 구르는 덩치 큰 어린아이를 봐야만 한다.

그런데 이런 교육을 시키려면 부모의 노력만으론 불가능하다. 사회가 도와줘야 한다. 거창한 제도 수립을 말하는 게 아니다. 척 봐도 발달장애인으로 보이는 아이가 난리를 치고 그 앞에 부모인 듯 보이는 사람이 쩔쩔 매고 있으면 본 듯 못 본 듯 '시선'을 거두어주었으면 좋겠다. 그것부터가 시작이다.

'시선'이 왜 꽂히는지는 잘 알고 있다. 나 역시 10년 전까지는 길에서 발달장애인을 보면 '시선'을 내리꽂는 비장애인이었다. 그 시선에는 동정의 마음도 있을 테지만 많은 경우 장애인에 대해 가지고 있던 부정적인 이미지가 담겨 있다는 것도 잘 알고 있다.

'바보'를 웃음거리로 삼아도 될까

발달장애인에 대한 부정적 이미지를 확산시키는 데에는 텔레비전이 한몫한다. 나는 그것을 자각하지 못하고 살다가 아들이 장애인이 되고 나서야 알게 되었다. 텔레비전 속에서 내 아들과 같은 지적장애인이 어떻게 다뤄지는지 비로소 알게 된 것이다.

한 예능 프로그램에서 대표 진행자가 바보 흉내를 낸다. 친절하게 자막도 나간다. '동네 바보 형'이라고. 바보 흉내를 낼 때는 꼭 흰색으로 콧물 분장도 하고 나온다.

그러고 보니 내가 어릴 때 폭발적인 인기를 누리던 영구, 맹구도 모두 발달장애인이었다. 우리 아들과 같은 지적장애인 흉내로 남을 웃겨온 것이었다. 인지가 낮아 상황 파악을 잘 못해 엉

친절하게 자막도 나간다.

'동네 바보 형'이라고.

뚱한 말을 하는 발달장애인, 어른이 되어서도 유아기적 언어를 사용하는 발달장애인. 개그맨들은 발달장애인의 그런 부분을 부각해 남을 웃기는 재료로 사용했다.

텔레비전 프로그램에서는 인지가 낮은 발달장애인의 어린아이 같은 순수함을 담는 대신 오로지 한 가지 측면만 부각했다. 말귀를 잘 알아듣지 못하고, 유창하게 말하지 못하는 것만 극대화시켜 웃음거리로 삼았다.

그런 것을 인식하고 난 뒤부터는 개그 프로그램이나 예능 프로그램을 볼 때마다 기분이 안 좋다. 특히 예능계에서 영향력 있는 유명 진행자조차 아무렇지도 않게 '동네 바보 형'이란 말을 내뱉는 것을 보면 화가 난다. '사회적 책임감'이란 부분에서 문제를 제기하고 싶다.

우리가 접한 발달장애인의 모습은 그런 것이었다. 그런 모습을 보고 깔깔대며 자라온 우리는 자연스럽게 발달장애인에 대한 부정적인 이미지를 갖게 되었다. 우리가 아는 발달장애인은 어리숙하게 말하고 코를 찔찔 흘리는 '바보'들이다. 그러다 어느 날 눈앞에서 발달장애인을 마주하게 된다. 특히 지난번 마트에서처럼 하필이면 울고불고 난리를 치는 발달장애인을 만나게 되었을 때 무의식에 저장된 부정적 이미지가 자신도 모르는 새 부정적인 시선으로 드러난다. 쏘아댄다. 시선. 시선. 시선들.

이처럼 부정적인 시선은 부정적인 이미지 때문에 나온다. 차라리 아무런 편견도 없는 상태라면 '의문의 시선'을 던질 것이다. 좋은 이미지를 갖고 있다면 '응원의 시선'을 보낼 것이다. 하지만 나를 포함한 발달장애 부모들이 가장 힘들어하는 게 세상 사람들의 '부정적인 시선'이다. 유독 우리나라에서 발달장애인에게 차가운 시선을 보내는 데는 다 이유가 있었던 것이다.

그래서 이제 나는 요구하고 싶다. 방송국 관계자들과 PD들, 예능 프로그램 진행자 및 개그맨들에게 강력히 요청한다. 인지 문제가 있는 발달장애인을 바보 취급 하며 웃기는 존재로 묘사하는 걸 중단해달라고. 마음껏 비웃어도 되는 대상으로 만들기 위해 흰색 콧물을 그려 넣고 어눌한 발음으로 웃음을 유도하는 것도 보기 싫다고. 당신들이 '동네 바보 형'이라며 놀리는 건 분장을 한 누군가가 아니라 바로 내 아들이라고.

끔찍한 일 아닌가! 이런 사실을 알고 있다면 그들 역시 지금처럼 그리 쉽게 '바보' 캐릭터를 등장시킬 수는 없을 것이다. 그것은 마치 내 아들의 눈을 정면으로 쳐다보며 "이 바보야!"라고 조롱하는 것이나 마찬가지이기 때문이다.

길에서 마주치는 부정적 시선이 두려운 부모들은 마음 놓고 아이를 세상에 드러내지 못한다. 자꾸만 숨게 된다. 아이를 숨기게 된다. 이로 인해 발달장애가 있는 아이들은 일상에서 경험하고 배워 나가야 할 많은 기회들을 박탈당한다.

나는 이제 앞으로 마트에서 같은 상황이 일어난다면 아들이 진정될 때까지 충분히 기다려줬다가 장을 보고 싶다. 아들이 진정될 때까지 지하주차장이 아닌 마트 안에서 기다리고 싶다. 울고 떼를 써도 원하는 걸 얻을 수 없다는 사실을 아들이 경험을 통해 배웠으면 좋겠다. 아들이 스스로 깨친 뒤 휴대전화 없이도 장을 볼 수 있는 날이 왔으면 좋겠다. 동네 주민들이 봐도 못 본 척, 도와주면 아마 가능할 것이다. 단지 시선을 거두어주는 일만으로도 내 아이를 키우는 데 도움이 될 것이다.

그렇게 한번 도와주시렵니까? 우리 아들이 일상에서 경험을 통해 배울 수 있는 기회를 제공해주시렵니까? 온 마을이 함께 장애 아이를 키우는 경험에 동참해주시렵니까? 나는 모두에게 묻고 싶다.

행복은 발달순이
아니랍니다

　특수학교로 전학 가서 맞는 첫날이다. 특수학교는 아들이 언어치료와 놀이치료를 받는 복지관 바로 앞 건물이다. 아침부터 원래 다니던 학교가 아닌 복지관 방향으로 가는 차를 타니 아들은 어리둥절하다. 도착하니 분위기를 살피려는지 일단 차에서 안 내리고 버틴다. 어찌어찌 겨우 내리게 했더니 복지관 입구가 아닌 저번에 한 번 견학 가본 특수학교 쪽으로 재빠르게 도망을 간다.

　"그래그래. 바로 그쪽이야." 속으로 쾌재를 부르며 아들의 손을 잡고 학교 안으로 뛰어 들어갔다. 들어갈 때까지만 해도 기분이 좋았던 아들은 복도를 지나 교실 문 앞에 멈춰 서자 뭔가 잘못됐다는 걸 느낀다. 신발을 벗고 들어가자고 하자 안 들어간다고 버틴다. 특수학교는 이전 학교와 다르게 온돌 바닥으로 되어 있어 신발을 벗고 들어간다.

교실 안에 들어서자 아들이 얼굴 가득 불안한 표정을 지으며 엄마 손을 꼭 붙든다. 낯선 이곳에 엄마도 같이 들어오란다. 아들은 내 손을 놓지 않으려고 필사적으로 힘을 쓴다.

"안 돼. 동환아. 엄마는 가야 해. 잘하고 와." 선생님에게 인사를 하고 나오려 하자 "우왕" 하며 결국 울음보가 터진다. '나는 누구? 여기는 어디? 당신들은 누구? 엄마! 어디 가! 날 버리고 가는 거야?' 이 상황이 이해가 안 가는 우리 아들의 속마음일 게 다. 나를 따라 뛰쳐나오려는 아들을 선생님이 온몸으로 막으며 외친다. "어머니! 어서 가세요!"

마치 영화의 한 장면 같다. 복도 가득 퍼지는 아들의 울음소리를 뒤로하고 도망치듯 달려 나오는데 마음이 쓰리다. "다 너를 위해서야. 동환이 너의 행복을 위해서야"라고 스스로를 설득하듯 되뇐다. 특수학교를 다니면 전보다 행복해지는 거 맞겠지?

일반 학교로 등교한 마지막 날, 특수반 엄마들과 커피를 마시며 얘기를 나눴다. 각각 4학년과 6학년인 자폐증과 뇌병변 아이의 엄마들은 친구 문제를 고민했다. 우스갯소리로 "친구가 뭔가요? 먹는 건가요?"라고 되묻는 단계의 초등학교 저학년 시절을 지나 고학년이 되면 서서히 친구를 찾게 된다는 게 엄마들 얘기였다.

> 일반 학교에서 친구를 만들어준다는 건
> 불가능하진 않지만 힘든 일이었다.

일반 학교에서 친구를 만들어준다는 건 불가능하진 않지만 힘든 일이었다. 이들의 관계는 친구라기보다는 돌보미와 돌봄 대상의 관계쯤 된다. 마음이 착한 비장애 아이들이 장애가 있는 같은 반 친구를 동생처럼, 귀여운 반려동물처럼 아끼고 보살펴 주는 것이다.

마지막 날 아들은 반 친구들에게 편지를 한 아름 받았다. 편지에는 어서 빨리 병이 나아 말을 하게 되었으면 좋겠다는 응원이 한가득 실려 있다. 장애는 병이 아니기에 나을 수 없는 것이지만 어쨌든 아이들의 마음은 고맙다. 편지는 내가 잘 간직하고 있다가 10년쯤 지나서 아들이 복잡한 말의 의미를 이해하게 되었을 때 읽어줄 생각이다.

유난히 아들을 잘 챙겼던 꼬마 신사가 두 명 있었다. 두 녀석에게는 선물을 따로 준비해 작은 메모를 써 붙였다. 손을 꼭 잡으며 그동안 고마웠다고 인사하니 매우 쑥스러워한다. 그렇게 아들을 위해주는 고마운 친구들이었지만 그들에게 아들이 진정한 의미의 친구는 아니었다. 같이 노는 친구라기보다는 귀여워하는 존재, 돌봐주고 싶은 존재랄까? 딱지치기할 때 함께 하자고 부르고 역할놀이를 할 때 끼워주고 싶은 친구는 아니었던 것이다.

하지만 특수학교에 가면 친구를 사귈 수 있다. 정신연령도 행동 양상도 비슷한 친구들과 함께 생활한다. 물론 신체 나이에 비해 정신연령이 어린 만큼 사회적 관계를 맺고 친구 사이로 발전하기까진 시간이 걸리겠지만 어쨌든 이들은 동등한 관계에서 각자의 역할을 하며 교우관계를 맺을 수 있게 된다.

마음이 행복한
장애인으로 자라길

행복이란 무엇일까? 내가 생각하는 행복이란, 주변 사람들과 좋은 관계를 유지하며 사는 것이다. 아무리 자신을 둘러싼 외적인 환경이 풍요로워도 당장 자신의 옆을 지키는 가족, 친구, 동료들과 삐걱대며 살면 마음이 궁핍해지는 법이다. 인간 세상에서 스트레스의 많은 부분은 대인관계에서 온다. 그런 의미에서 나는 아들이 특수학교에서 행복해지기를 바란다. 장애가 있다는 이유로 눈치 보는 일은 없을 이곳에서 아들이 친구를 사귀며 행복한 사람으로 커 나갈 수 있기를 바란다.

한 가지 우려되는 건 특수학교의 교과과정이다. 바뀐 교과과정에 따라 장애 아이들도 비장애 아이들처럼 국어, 수학, 통합, 창의적 체험활동(이하 창체) 등의 과목을 공부한다. 교육부에서

> 기능은 조금 낮더라도 평온한 성격을 갖고
> 스스럼없이 남과 어울리는, 마음이 행복한
> 장애인으로 자라게 하면 안 되는 걸까?

는 특수교육의 목표가 '비장애인 중심 사회로의 편입'이기 때문에 비장애 아이들과 같은 내용을 공부해야 한다고 설명하지만, 나는 왜 장애 아이들이 비장애 아이들과 같은 과목을 배우는지 납득이 안 간다. '비장애인 중심 사회로 편입'되기 위해서라면 특수교육은 장애 아이들에게 필요한 사회성과 일상생활 기술 습득을 목표로 해야 하는 것 아닐까? 이를 위해 필요한 교육이 국어나 수학, 통합과 창체일까?

발달장애인이 사회의 한 구성원으로 살아가려면 정신적·신체적 기능을 잘 수행하는 것이 유리하긴 하다. 그래서 학교와 가정에선 끊임없는 반복 학습을 통해 장애 아이의 기능을 향상시키려 노력한다. 하지만 말이다. 기능은 조금 낮더라도 평온한 성격을 갖고 스스럼없이 남과 어울리는, 마음이 행복한 장애인으로 자라게 하면 안 되는 걸까? 특수교육의 목표가 그렇게 맞춰지길 바라면 나는 아이의 발달을 위해 노력하지 않는 나쁜 엄마가 되는 걸까?

가끔 그런 생각이 들 때가 있다. 어쩌면 우리 부모들은 자식이 장애인이라는 이유로 비장애인 자식을 대할 때보다 더한 교육적 성취를 아이들에게 강요하는 건 아닐지.

비장애인 자식이 다니는 학원 개수보다 장애인 자식이 다니는 치료실 개수가 더 많기 일쑤다. 비장애인 자식에게는 집에 와서 책을 읽든 놀이를 하든 혼자만의 시간을 허락하고 존중해주지만 장애인 자식에게는 그렇지 않다. 집에서도 '교육'의 연속이다.

밥을 숟가락으로 퍼 먹다가 어쩌다 한 번 손가락으로 집어 먹으려 하면 따끔하게 일침이 날아들고, 동화책 읽어주는 데 드러누워 딴짓이라도 하면 또 야단을 맞는다. 어제는 알았던 한글을 오늘은 까먹고 모르겠다고 하면 역시 한소리 듣는다. 비장애인 자식이 텔레비전을 보는 건 휴식이라며 용인하지만 장애인 자식이 텔레비전을 보면 '팝콘 브레인'(강렬한 감각에만 반응하며 뇌가 현실에 무감각해지는 현상)이 될까 봐 전전긍긍한다.

그래. 어쩔 수 없는 부분도 있다. 비장애인 자식을 학원에 보내는 이유는 더 뛰어난 사람으로 키우기 위해서지만, 장애인 자식의 치료에 열을 올리고 혹독한 교육을 시키는 이유는 남들과 조금이라도 같아지게 하기 위해서니까 말이다.

그럼에도 불구하고 나는 내 아들이 혹독한 훈련에 치여 엄청난 스트레스를 받으며 자라기보다 비록 기능은 조금 떨어져도 마음이 행복한 장애인으로 성장하기를 바란다.

사람마다 개인별 특성이 다르듯 장애 아이들도 저마다 장애 정도에 차이가 있다. 유심히 보지 않으면 장애가 드러나지 않는 경계성 장애인도 있지만, 남다른 행동으로 멀리서 한눈에 봐도 장애인 티가 나는 이들도 많다. 우리 아들 같은 경우다.

모든 중증 발달장애인이 반드시 경증 발달장애인으로 호전되어야만 하는 건 아니다. 혹독한 학습을 통해 어느 정도 기능이 좋아질 수는 있겠지만, 모두가 다 일정 수준에 도달할 수 있는 건 아니다. 우리 사회가 경증 장애인만 받아들이고 중증 장애인은 배척한다면 그건 사회의 문제지 개인의 문제가 아니다. 분명 사회복지도, 사람들의 인식도, 아주 조금씩이지만 보다 긍정적인 방향으로 변하고는 있다.

그렇다면 엄마인 나는 아들의 기능 향상을 위해 혹독하게 몰아치기보다 사회성을 키워 주변 사람들과 좋은 관계를 맺는 '행복한 장애인'으로 키우는 걸 목표로 삼고 싶다. 경증 장애인이 되기 위해 매일매일 스트레스를 받는 학창 시절을 보내는 아이로 자라게 하기보다, 중증 장애인이라도 타인과 어우러져 사는 법을 알아가는 아이로 자라게 하고 싶은 것이다.

다행히 특수학교 입학 둘째 날, 아들은 첫날보다 더 행복해 보인다. 교실에 들어갈 때 떼를 쓰지도 않고 엄마와 인사를 하고 나서도 따라 나오지 않는다. 담임 선생님 옆에 찰싹 붙어서 어서 가라는 듯 엄마를 멀뚱히 쳐다본다. 선생님 좋아하는 모습을 보니 안심이 된다. 자식. 너의 학교 생활을 응원한다.

비장애인에게 행복은 성적순이 아니라면,
장애인에게 행복은 발달순이 아닐 게다.

  아직은 아들이 어려서 아이가 성인이 되어 맞닥뜨릴 현실을 모르고 내가 꿈을 꾸는 걸지도 모르겠다. 행복한 장애인보다 기능 좋은 장애인으로 키우는 게 옳은 일일지도 모른다. 하지만 현실의 벽에 부딪히기 전까지 일단 아들이 행복해지는 데 초점을 맞춰보련다. 비장애인에게 행복은 성적순이 아니라면, 장애인에게 행복은 발달순이 아닐 게다. 아직은 그리 믿는다, 나는.

놀라지 마세요,
애쓰고 있는 거예요

운전기사 노릇을 하며 등굣길을 책임지던 남편의 일정이 바뀌면서 아들이 통학버스를 타고 학교에 다니게 되었다. 특수학교는 승용차로는 10분이면 갈 수 있는 거리에 있지만 통학버스를 타면 50분 넘게 버스 여행을 해야 한다. 우리 집이 버스 출발지와 가깝기 때문이다.

처음으로 통학버스를 타는 날이다. 저 멀리 노란색 대형 버스가 보인다. 며칠 동안은 나도 함께 버스를 타고 등교하기로 했다. 아들의 불안감을 없애기 위해서다. 아들은 엄마와 함께라면 무엇을 해도 좋고 어디를 가도 좋다. 헤헤헤 웃으며 버스에 오른다. 버스에는 운전기사 외에 등교 지도를 하는 선생님 한 명이 같이 탄다.

버스가 약속된 장소에 서면 부모는(주로 엄마) 선생님에게 인사를 하고 아이를 버스에 올려 보낸다. 선생님은 아이를 자리에 앉힌 뒤 안전벨트를 채운다. 그렇게 총 스물두 명의 장애 아이들이 통학버스 2호차에 탄다.

아들은 신이 났다. 엄마랑 같이 어디 좋은 데 놀러 가는 줄 아는 모양이다. "아갸갸갸"라는 옹알이도 평소보다 힘차게 내뱉고 계속해서 내 얼굴을 보며 싱긋싱긋 웃는다. "동환아, 놀러 가는 거 아니야. 학교 가는 거야. 학교. 학교"라고 말해도 못 알아듣는 건지 그런 척하는 건지 마냥 들떠서는 "아갸갸갸"라고만 한다.

마냥 신난 아들과는 달리 내 마음은 점점 무거워진다. 아니 가라앉는다는 느낌이라고 해야 맞겠다. 이동 시간이 길어질수록, 버스에 오르는 아이들이 많아질수록, 내가 알던 세계와 점점 멀어져간다. 나에게 버스 안은 낯선 공간이다. 이 안에서 들리는 소리는 이전에 내가 알던 세계의 소리가 아니다. 이곳은 발달장애인의 세계다. 나와 내 아들이 속해 있기도 한 세계. 그 사실이 새삼스럽다.

문득 아들이 초등학교에 처음 입학했던 때가 생각난다. 아들을 바라보는 낯선 시선에 당황하는 내게 한 친구는 이렇게 말했다. "동환이가 학교에 적응하는 것도 중요하지만, 다른 사람들도 동환이에게 적응할 시간을 좀 주도록 해봐."

생각해보지 못했었다. 불쌍한 내 아들이 그들 세계에 적응해

> 서로를 잘 몰라 서로를 오해한다.
> 하물며 자주 보지도 못하고, 서로 소통하기도
> 어려운 발달장애인은 어떠랴.

야 한다는 생각만 했지 그들도 내 아들에게 적응할 시간이 필요하다는 건 미처 깨닫지 못했었다. 친구가 했던 그 말이 1년 넘는 시간을 돌고 돌아 이제야 나에게 전달된다.

많은 경우 오해는 모르기 때문에 생긴다. 이건 장애 여부를 떠나 우리 사회에서 늘 일어나는 일이다. 서로를 잘 몰라 서로를 오해한다. 하물며 자주 보지도 못하고, 서로 소통하기도 어려운 발달장애인은 어떠랴. 지적장애인 아들을 키우고 있는 나조차도 발달장애인 한 무리가 타고 있는 버스 안에서 당황해버렸다. 그런데 평소 장애인을 볼 기회조차 많지 않았던 비장애인이라면 어떨까? 얼마나 당황스러울지 비로소 이해가 된다.

우리가 사는
세상은 하나다

통학버스 안에서 가장 먼저 느낀 낯설음의 원천은 바로 '소리'였다. 귀에 들려오는 '소리'가 달랐다. 통학버스에 타기 전까지 들었던 바깥의 소리와 버스 안에서 들리는 낯선 소리는 서로 다른 차원에 있었다. 분명 외모는 나와 다를 것 없는 사람인데 들어본 적 없는 이상한 소리를 내니 보통 사람들이 일단 경계부터 할 법도 했다.

우리 아들이 내는 "아갸갸" 소리는 명함도 못 내밀 판이었다. 무수한 외계어와 반향어를 쏟아내는 발달장애인들이 버스에 타고 있었다. 반향어란 다른 사람의 말을 의미도 모른 채 메아리처럼 따라 하는 말을 뜻한다. 자폐의 한 증상이기도 하다. 하지만 자폐증의 특성이라고 규정짓기보단 발달장애인의 전반적인 특성 중 하나라고 하는 게 더 나을 듯하다.

왜냐하면 지적장애인인 우리 아들은 자폐증의 일부 증상을 갖고 있기도 하고, 많은 자폐 아이들이 우리 아들과 같은 지적장애를 안고 있기 때문이다. 공유할 게 없어서 장애의 특성을 공유하다니, 인생 참 거시기하지요?

어쨌든 이 버스 안의 아이들은 저마다 남다른 소리로 자신의 존재감을 알렸다. 신이 난 우리 아들이 평소보다 힘차게 "아갸갸"라고 외치자 맞은편에 앉은 두세 살 많아 보이는 누나가 "조용히 해!"라고 야단친다. 그러더니 손에 든 휴대전화를 보며 소리친다. "다 비켜! 거기서 나오란 말이야! 딸기가 더 좋아! 이얏! 이얏! 그래! 바로 너 말이야! 이얏! 이얏! 너! 너! 너!"

옆을 쳐다볼 틈도 없다. 뒤쪽에서 누군가가 자꾸 숨이 끊어지는 듯한 소리를 내고 있었기 때문이다. "그르렁…… 그르렁……

노력하고 있는 것이다.

극복하고 있는 것이다.

흐억 흐억." 고개를 돌려서 보니 중학생으로 보이는 남자아이가 숨 끊어지는 소리를 내고 있다. 하지만 급박한 느낌과는 달리 아이는 창밖을 쳐다보며 편안한 자세로 앉아 있다. 단지 그렇게 숨을 쉬는 게 편한 모양이다.

나보다 덩치가 큰 한 여고생은 맨 앞자리에 앉아 허공에 대고 계속 인사를 한다. "안녕하세요, 안녕하세요, 안녕하세요……."

아들의 "아갸갸"에 응답이라도 하려는 것인지 차에 오르는 아이들이 많아지면서 뜻 모르는 외계어도 난무한다. 누군가는 "다다다다", 또 누군가는 "끼야끼야" 하며 돌고래 울음 같은 소리를 낸다.

보통 사람이 이 버스에 탔다면 "아이들이 흥분해서 그러는 건가? 지금 옆에 다가가면 위험한 거 아니야?"라며 오해할 수도 있겠다. 하지만 사실은 전혀 그렇지 않다. 이 아이들은 제각기 다른 소리로 의사소통을 하는 것뿐이다. "안녕하세요"라는 말을 반복적으로 하는 아이는 학교에 가는 즐거움을, 선생님과 친구를 만나게 되어 반가운 마음을 '인사'라는 방식으로 표현하는 것뿐이다.

우리 아들을 야단치던 여자아이도 마찬가지다. 아들의 "아갸갸갸"라는 외계어가 그 아이에겐 매우 민감하게 다가갔고 그 때문에 잔뜩 예민해진 마음을 휴대전화 게임 속 누군가에게 쏟아내는 것뿐이다. 아직 말을 잘 못하는 아이들은 "아갸갸", "다다다다", "끼야" 등의 의성어로 자신의 기분을 표현하고 있다. 모두 타인과 소통하기 위해 나름의 방식으로 애를 쓰고 있는 것뿐이다.

'소리'가 낯설음의 첫 번째 원인이라면 두 번째 원인은 '행동'이었다.

많은 발달장애인들이 상동행동을 한다. 상동행동이란 같은 동작을 일정 기간 반복하는 것을 말한다. 우리 아들은 머리를 좌우로 흔들며 제자리 뛰기를 하거나 오른손을 눈 옆에 바짝 붙인 뒤 살짝살짝 흔드는 상동행동을 보인다. 자기자극 행동이라고도 하는데 감각을 처리하는 방식이 우리와 다른 이 아이들은 너무 넘쳐나거나 너무 모자란 감각의 균형을 잡기 위해 스스로 필요한 자극을 제공한다.

버스 안에서도 수많은 상동행동이 난무했다. 누군가는 왼손으로 정수리 위 5센티미터 부분의 허공을 둥글게 쓰다듬었고, 누군가는 몸을 앞뒤로 흔들었고, 누군가는 손을 연속으로 까딱거렸다.

며칠 전 지하철을 탔을 때 일이다. 한 청소년이 홀로 자리에 앉아 몸을 앞뒤로 계속해서 흔들고 있었다. 딱 봐도 발달장애인

> 저들은 내 세상의 일부이기도 하고
> 나는 저들 세상의 일부이기도 하다.

이다. 혼자서 지하철 타는 것을 보니 어느 정도 인지가 좋은 것 같아 부럽기도 했지만 아이의 상동행동을 보니 안쓰럽기도 했다. 그 청소년 옆에 자리가 비었음에도 모두 서서 갈 뿐 아무도 옆에 가서 앉지 않는다. 사람들은 이유 없이 몸을 앞뒤로 흔드는 청소년을 정신이 이상하거나 돌발 행동을 할지도 모르는 위험한 존재로 느꼈던 것 같다.

하지만 그렇지 않다. 오히려 정반대다. 상동행동은 정신이 이상하거나 흥분된 감정을 가라앉히지 못해서 나오는 게 아니라 불안한 외부 상황에 맞서 스스로를 진정시키기 위해 나오는 행동이다. 자신의 마음을, 감각을, 불안함을 달래기 위해 나오는 자기자극 행동인 것이다.

그러니까 주변에 상동행동을 하는 발달장애인이 있으면 "지금 저 사람이 스스로를 진정시키기 위해 애를 쓰고 있구나"라고 생각하면 된다. 노력하고 있는 것이다. 극복하고 있는 것이다. 이상하게 들릴 법한 소리를 내고 더 이상하게 보일 수 있는 상동행동을 함으로써 세상과 소통하려 하고, 또 한편 불안한 마음을 진정시키려고 애쓰는 것이다.

목적지에 도착해 통학버스에서 내리자 다시 세상의 소음이

들리기 시작한다. 어디선가 들려오는 자동차 소리, 새 소리, 윙윙 대는 듯한 세상의 커다란 소음이 귀를 자극한다. 나처럼 정확한 발음으로 자신의 의사를 전달할 줄 아는 사람들의 대화 소리도 들린다. 세상은 그대로인데 나 혼자만 또 다른 차원의 여행을 하고 온 것 같다.

버스에서 내린 아이들이 기다리고 있던 선생님의 손을 잡고 각자의 교실로 들어간다. 아들도 담임 선생님의 손을 잡고 걷는다. 이제 저들은 저들의 삶을 살기 위해 교실로 향하고, 나는 나의 삶을 살기 위해 세상으로 향한다.

우리는 서로 반대편 길로 향하지만 그래도 잊지 말아야 할 게 있다. 저들과 내가 사는 세상이 같은 세상이라는 점이다. 우리의 세상은 버스와 달리 안과 밖으로 나뉘어 있지 않다. 저들은 내 세상의 일부이기도 하고 나는 저들 세상의 일부이기도 하다.

우리가 사는 세상은 하나다. 그것만 잊지 않으면 된다.

부디 오지랖은
사양합니다

이번에는 장애 아이를 키우는 부모와 그 주변 이야기를 해볼까 한다.

장애인으로 살아가는 자식의 인생이 한없이 불쌍하고 안쓰럽지만 독한 마음 먹고 얘기하자면 그건 '네 팔자'다. 하지만 서운해할 필요는 없다. '네 팔자'로 인해 '부모의 팔자'도 같이 변했으니 외로운 인생길, 적어도 동행하는 이 있어 쓸쓸하진 않을 것이다.

말 그대로 장애 아이 부모의 인생은 아이가 태어나는 순간, 또는 아이가 장애 판정을 받는 순간부터 바뀐다. 인생의 궤도가 180도 변한다.

처음에는 충격이 휘몰아친다. 무신론자일지라도 갑자기 "하늘이시여! 신이시여! 왜 내게 이런 시련을!"이라고 신을 호출하며 절규한다. 그렇게 정신이 붕괴되는 충격의 시간이 지나고 나면 분노의 시간이 찾아온다. 아이에게 장애가 온 원인을 백만 가지쯤 추론하며 그 속에서 어떻게든 배우자의 잘못을 찾아내려 애쓴다.

남편은 아내가 임신인 줄 모르고 마셨던 맥주 한 잔이 원인이라 의심하고, 아내는 담배 피운 입으로 뽀뽀를 해댄 남편 때문에 니코틴이 태아로 흘러갔을 가능성을 진지하게 생각한다. 서로의 가계도를 살피며 유전적인 영향이 있는지도 살핀다. 내 피를 갖고 태어난 내 자식이 그럴 리는 없다고 생각하기에 배우자 쪽에서 원인을 제공했으리라 의심한다.

"너 때문이야!"라고 서로를 탓하는 광란의 시간도 지나고 나면 인정과 체념의 단계가 온다. "그래, 어쩌겠니"라며 현실을 받아들이고 '장애'와 더불어 살아 나갈 길을 모색한다.

2, 3년 전 한 기관에서 하는 장애인 가정 실태 조사를 위한 설문에 응한 적이 있었는데 당시 조사관의 말이 아직도 기억에 남는다. 그는 이렇게 말했다. "장애 아이의 부모를 만나 보면 일반 가정의 부모보다 훨씬 더 성격이 좋고 표정이 밝다는 걸 느껴요."

왜 그렇게 느꼈을까? 성격 좋은 사람들만 장애 아이를 맡아 키우도록 하늘이 점지해준 걸까? 그럴 리는 없다. 만약 그런 거

> 오랜 시행착오를 거친 뒤 결국은 찾아낸다.
> 장애 아이와 장애가 없는 부모가 어울려
> 조화롭게 살아가는 방법을.

라면 좋은 성격 따위 그냥 줘버리겠다. "옜다. 가져가라. 좋은 성격!" 하고.

힘든 상황을 어떻게든 버티며 살려다 보니 긍정적인 마음가짐이 필요했고 그로 인해 부모들 성격이 변하게 된 것이 아닐까 싶다. 장애 아이를 키우기 위해 더 나은 인간으로, 더 행복한 인간으로 진화한 것이다. 마치 만화 〈드래곤볼〉의 사이어인이 초사이어인이 되는 것처럼 필요에 의해서 말이다. 그래야 앞으로 한 발이라도 내디딜 수 있으니까.

모든 장애 아이가 있는 가정이 다 그런 것은 아니겠지만 대부분의 가정은 나름의 사정을 잘 이겨내고 각자의 현실 속에서 가장 행복해질 수 있는 방법을 찾아 하루하루를 살아 나가고 있다. 백 명의 장애 아이가 있으면 백 가지 다른 장애의 특성이 나타난다. 부모는 아이가 보여주는 특성을 오랜 시간 관찰하고 파악해 적응해 나간다. 이렇게도 해봤다가 저렇게도 해본다. 오랜 시행착오를 거친 뒤 결국은 찾아낸다. 장애 아이와 장애가 없는 부모가 어울려 조화롭게 살아가는 방법을.

그런 장애 아이의 부모들이 마음의 상처를 받을 때가 있다. 때로는 그동안 힘들게 쌓아올린 일상이 휘청휘청할 정도로 강한 펀치를 맞기도 한다.

낯선 타인이 내 아이에게서 '장애인 바이러스'가 옮을까 슬금슬금 피하는 때를 말하는 게 아니다. 이런 건 일상다반사라고 여겨질 정도로 이미 많이 겪었다. 마음을 무너트리는 큰 상처는 오히려 가장 가까운 사람들에게서 받는다. 좋은 뜻으로, 위로라고 던지는 말이 비수가 되어 가슴에 꽂힌다.

선의를 오롯이
전하는 방법

어느 날 친구 모임에 다녀온 남편이 술에 잔뜩 취해 들어왔다. 다음 날 아침 잔소리 폭탄을 준비하고 있는데 남편이 옆에 다가오더니 조용히 말한다.

"친구들이 동환이를 장애인 시설에 맡기래."

순간 들고 있던 국자를 놓칠 뻔했다. "뭐? 왜?"

친구들은 남편을 위해 그런 말을 했다고 한다. 남편과 나, 우리 딸이 아들 하나 때문에 일상의 많은 부분에서 제약을 받으며 살고 있다고, 셋을 살리기 위해 하나를 희생시키라고 했단다.

"너도 너지만 제수씨는 무슨 죄냐? 네 딸은? 너희라도 살아야 할 거 아니야!"

나는 손이 떨렸다. 분노가 치솟았다. 나 편하게 살자고 내 아들을 버리라고? 그게 우리 가족 모두를 위하는 길이라고? 가족이 아프면 당신들은 그리 쉽게 가족을 버릴 수 있나? 하물며 그게 어린 자식이라도 말이야!

나라고 상황이 다르지는 않았다. 1년 만에 만난 친구들 앞에서 나는 속으로 눈물을 삼켜야 했다. 친구들은 내게 아들을 너무 장애인 취급 하며 키우지 말라고 했다. 전에 봤더니 얌전하기만 했다며 남들처럼 종종 해외여행도 하라고 했다. 장애인이 아닌 보통 아이처럼 키우라고 했다.

이런 이야기가 나오면 내가 할 수 있는 말은 하나뿐이다. 우리 아들이 비장애 아이들과 어떻게 다른지 구구절절 설명을 해야 한다. 사이판이나 괌을 가기 싫어 안 가는 게 아니다. 나도 가서 쉬다 오고 싶고 놀다 오고 싶다. 하지만 그 전에 제주도부터 가야 한다. 부산부터 가야 한다. 점진적으로 익혀가야 한다. 비행기라는 낯선 이동 수단을.

나는 아들이 비행기를 탔을 때 느껴지는 낯선 감각에 당황해 비명이라도 지르기 시작하면 기내에서 어떤 일이 벌어질지 최대한 자세히 설명을 한다. 내 아이가 장애가 있는 덕분에 내가 얼마나 힘들고, 준비할 게 많고, 남들과 다른 일상을 사는지 구구절절 설명을 한다. 비참하게도 말이다. '장애'와 상관없는 친구들을 만나러 나온 자리에서 자식의 '장애' 때문에 힘든 점을 구

> 과연 '장애'에 얽매여 사는 건 우리 부부일까?
> 아니면 우리를 '장애인 가족'으로만 바라보는
> 주변인들일까?

구절절 설명해야 하는 것이다.

이런 상황이 숱하게 벌어진다. 과연 '장애'에 얽매여 사는 건 우리 부부일까? 아니면 우리를 '장애인 가족'으로만 바라보는 주변인들일까? 남편을 위하고, 나를 위하는 선한 의도에서 나온 말이라는 건 알지만 실제 장애 아이를 키우는 입장에선 상처가 된다.

심지어 가족, 친인척도 마찬가지다. 아무리 가까운 사이라도 아침부터 밤까지 한 집에서 살지 않는 한 장애 아이를 키우는 현실을 온전히 이해하지 못한다. 그래서 가족이라는 이름으로 때론 남보다 더 깊은 상처를 주기도 한다.

이웃에 사는 한 장애 아이 엄마는 시어머니 때문에 늘 눈물을 흘리며 산다. 귀한 자기 아들이 여자 잘못 만나 장애 아이를 낳았다 생각하는 시어머니는 손주를 데리고 치료실에 다니는 며느리가 못마땅하다. 시어머니가 보기에 손주에게 필요한 건 언어나 놀이 치료가 아니라 굿을 해서 악귀를 쫓아내는 것이다. 그런데 며느리가 "자폐증은 굿으로 고칠 수 없다"라며 결사반대하자 속이 터진다. 악귀만 쫓아내면 손주가 정상인이 될 수 있는데 치료실만 다니고 있으니 며느리가 악마나 다름없게 보인다.

흔히 "엄마가 행복해야 가정이 행복하다"라고 말한다. 시중에 나와 있는 온갖 육아서와 방송에서도 같은 말을 한다. 장애 아이를 키우는 가정도 다르지 않다. 부모가 행복해야 장애 아이도 행복해진다. '장애인'이기 이전에 '아이'이기 때문이다. '장애 아이 엄마'이기 전에 '그냥 엄마'이기 때문이다.

그럼 어떻게 해야 할까? 어떻게 해야 주변의 장애인 가정을 도울 수 있을까?

가정 안에서 자기들끼리 지지고 볶는 거야 어쩔 수 없다. 하지만 주변에서 도와줄 수 있다. 간섭하지 않음으로써, 왜 그러고 사느냐며 비난하지 않음으로써, 다른 삶의 방식으로 살라고 강요하지 않음으로써 주변의 장애인 가정을 도울 수 있다. 자신들의 선의를 오롯이 전할 수 있다.

좋아서 그렇게 사는 게 아니다. 그것이 장애 아이를 둔 가족에게 최선의 방식이기 때문에 그렇게 살고 있는 것이다. '장애'라는 특별한 환경에 맞닥뜨린 뒤 오랜 시간 시행착오를 거쳐 가족 구성원 모두에게 가장 최적화된 모습으로 적응해 살고 있는 중이다.

사실 이런 문제는 장애인 가정에만 해당되는 일이 아니다. 아이를 키우는 부모라면 누구나 한 번쯤 경험해봤을 것이다. 아이는 이렇게 키우라며 주변에서 건네는 충고가 끊이질 않는다.

모든 가정은 각 가정의 구성원에게
가장 적합한 상태로 설정되어 있다.

어린이집은 언제 보내는 게 좋고, 한글과 수학은 언제 시작하는 게 좋고, 학원은 이런 데를 보내야 하고, 이러이러한 곳에 놀러 가는 게 좋다고 주변에서는 온갖 조언을 한다. 하지만 부모가 생각이 없어서 그러는 게 아니다. 오히려 남들과 다른 양육 방식과 교육철학에 따라 아이를 잘 키우는 중일지도 모른다.

모든 가정은 각 가정의 구성원에게 가장 적합한 상태로 설정되어 있다. 외부의 시각에서 멋대로 판단해 이래라저래라 하는 것은 월권행위가 아닐까?

어느 날 한 가정에 장애인 자식이 뚝 하고 떨어졌다. 가장 힘든 건 본인이지만 함께 사는 가족들 역시 이루 말할 수 없는 별짓을 다 겪으며 인생을 살게 됐다. 하지만 밝게, 웃으며 살고자 한다. 그러지 않으면 '장애'라는 '장애물' 때문에 주저앉고 싶어진다. 살아가기 위해 '장애'라는 '장애물'을 뛰어넘는다. 더 나은 인간이 되려고 노력한다.

그래서 부탁한다. 나처럼, 우리처럼 별짓을 다 겪으며 살지 않아도 되는 비장애인들에게 간절히 부탁하려 한다.

"걱정하는 마음, 위하는 마음은 잘 알고 있습니다. 고맙고 감사합니다. 하지만 그 마음만 받겠습니다. 선을 넘는 오지랖은 사양합니다. 우리를 바꾸려 하지 말고 그냥 응원하는 눈빛으로 지켜만 봐주세요. 특히 아이를 시설에 보내라는 말은 금기어입니다. 저도 여러분의 아이를 고아원에 보내라는 말을 하지 않듯 말입니다. 그럼 우리는 행복할 것입니다. 장애와 더불어 행복해질 방법을 찾아낼 것입니다. 여러분도 행복하시길 바랍니다. 바로 우리처럼 말이죠."

바늘구멍보다
더 좁은 장애인 취업문

발달장애인이 초등학교 방과후 교사가 되면 어떨까? 앞뒤 사정 설명 없이 이 얘기만 듣고는 아마 반대할 학부모가 많을 것이다. 하지만 알고 나면 전혀 불가능하거나 용납 못할 일은 아니다.

작년에 발달장애인을 위한 보드게임 카페 '모두다'를 다녀왔다. 비장애인도 이용하지만 발달장애인도 편하게 드나들 수 있는 보드게임 카페란다. 게다가 카페에서 일하는 '게임마스터'도 발달장애인이란다. 호오. 좋다. 좋아. 한번 가보자.

방문한 날 마침 '모두다'의 박비 대표도 카페에 있다. 그녀가 대표라는 걸 알자마자 질문부터 했다. "혹시 가족이나 친척 중에 발달장애인이 있어요?" 그녀는 웃으며 아니라고 한다.

박 대표가 보드게임 카페를 구상하게 된 계기는 지하철에서 경험한 일 때문이다. 어느 날 지하철에서 지하철 문과 사랑에 빠진 한 남자를 보게 됐다고 한다. 문만 쳐다보고 문에만 집착하고 문에만 온 관심이 집중돼 있는 사람. 다른 승객들처럼 자신도 그를 이상하게 보고 있다가 한순간 생각이 스치더란다. '저 사람이 발달장애인이라면.'

그런 생각이 들자 이상하게 보이던 그 남자의 모든 행동이 다 이해되고 전혀 특별해 보이지 않았단다. 우리나 그 행동이 이상하다고 생각하지 본인에겐 그것이 가장 자연스러운 일이었을지 모른다. 우리가 발달장애인에 대해 잘 모르기 때문에 우리의 시각으로 그를 오해하고 있는 건 아닐까, 생각했다고 한다.

그래서 발달장애인과 비장애인이 모두 함께 이용할 수 있는 보드게임 카페를 만들었다. 서로를 이해하기 위해서, 게임을 매개로 한 공간에서 만나 서로의 벽을 허물어보자는 뜻을 담고 있다. 그렇게 탄생한 보드게임 카페다.

아들도 아들이지만 같이 간 남편과 딸이 더 신이 나 까르르 웃고 탄성을 내지르고 난리가 났다. 그 모습을 보며 보드게임은 일반 컴퓨터게임과는 다르다는 것을 알게 됐다. 보드게임은 휴대전화 게임이나 컴퓨터게임처럼 눈앞의 화면에 시선을 고정하고 혼자 즐기는 게임이 아니다. 함께 하는 사람들과 눈을 맞춰가며 협력도 하고 경쟁도 한다. 보드게임은 도구일 뿐 진짜 목적은

'소통'이다. 두뇌 회전과 집중력 향상은 덤이다. 비장애인은 물론 발달장애인에게도 좋은 놀이 문화가 될 수 있다.

그렇다 보니 게임을 하러 온 발달장애인이 보드게임의 매력에 푹 빠져 나중에는 '모두다'의 직원이 되기도 한단다. 카페를 찾는 고객들에게 각 게임의 규칙을 설명해주는 '게임마스터'가 되는 것이다.

"발달장애인이 직원으로 있으면 사람들 반응이 어때요? 장사가…… 잘돼요?" 장애인에 대한 차가운 시선을 수백 번 느껴본 나로서는 우려가 앞섰다. 비장애인들이 발달장애인이 일하는 곳에 오려고 할까? 박 대표로부터 의외의 답이 돌아왔다.

"오히려 더 좋아해요."

나는 예의상 하는 말이라고 생각했다. 비장애인들은 마치 '장애인 바이러스'에 옮기라도 할 듯 장애인을 피하는데 어떻게 여기에서는 더 좋아할 수 있지?

그런데 얘기를 듣다 보니 이해가 간다. 아줌마들이 같은 가격이면 두피 마사지 한 번이라도 더 해주는 미용실을 찾고, 젊은 여성들이 이왕이면 쿠키 하나라도 더 얹어주는 카페를 찾듯이, 많은 사람들이 다른 보드게임 카페보다 월등한 서비스를 제공하는 '모두다'를 찾고 또 찾는단다. 다른 곳보다 월등한 서비스라고? 사회성 기술이 서툰 발달장애인이 어떻게 그런 서비스를 제공할 수 있을까?

해답은 '절박함'에 있었다. 거쳐 가는 아르바이트 중 하나로 생각하는 비장애인 직원의 친절함과 이곳이 아니면 갈 데가 없는 발달장애인 직원의 친절함은 절박함에 있어 그 차원이 달랐다. 게임 규칙 하나하나를 설명하고 손님과 직접 게임을 하는 그들에게서 '예의'가 아닌 '진심'에서 우러난 태도가 나오는 이유가 거기에 있었다. 손님들의 만족도가 높을 수밖에 없었다.

아하. 그런 사연이 숨어 있었구나. 물론 모든 발달장애인이 게임마스터를 할 수 있는 건 아니다. 지적장애 중에서도 경증이거나 자폐 중에서도 아스퍼거증후군이 있는 이들이 게임마스터를 할 수 있단다. 경증 발달장애인이라도 좋으니 더 많은 이들이 '모두다'에서 일할 수 있으면 좋겠지만 물리적으로 한계가 있다.

집에 돌아와 생각하니 번쩍 하고 생각이 떠오른다. 그래. '모두다'에서 게임마스터로 직업훈련을 받은 이들이 초등학교 방과후 교사로 게임 선생님이 되는 건 어떨까? 성인들에게 복잡하고 어려운 게임을 설명할 수 있는 이들이라면 초등학생을 대상으로 더 쉽고 재미나게 게임을 설명하고 진행하는 데는 큰 무리가 없을 터였다.

기쁜 소식은 '모두다'가 게임마스터를 양성하는 퍼실리테이터 교육기관을 준비하고 있다는 것이다. 비록 '모두다' 카페는 문을 닫아 이제 발달장애인도 편하게 드나드는 보드게임 카페가 없다는 건 아쉬운 일이다. 하지만 굳이 '발달장애인을 위한' 보

해답은
'절박함'에 있었다.

드게임 카페가 아니라도 대한민국에 널린 보드게임 카페에서 발달장애인이 신나게 게임을 즐길 수 있다면 그것이 더 바람직한 일이다.

그렇게 전문교육을 받아 게임마스터로 우뚝 선 발달장애인이 초등학교 방과후 교사가 되어 학교 곳곳에 배치된다면 더 바랄 게 없겠다. 일반 초등학생을 대상으로 하는 방과후 교사가 어렵다면 특수반 아이들을 대상으로 하는 방과후 교사가 되어도 좋겠다. 우리 아들도 일반 학교를 다닐 때 일주일에 한 번씩 방과후 과목으로 미술을 배웠는데 보드게임 같은 과목이 하나 더 신설되면 아이들의 호응도가 높을 터다. 특수반에는 특수교사도 있고 실무사 선생님도 있고 공익근무요원도 있으니 예기치 못한 사건이 벌어져도 방과후 교사 혼자 끙끙대지 않고 상황을 잘 처리할 수 있을 터다.

발달장애인이 초등학교 방과후 게임 선생님을 할 수 있다면 전국 초등학교에서 수용하는 인원만 하더라도 상당할 것이다. 장애인 일자리의 폭을 넓히는 하나의 대안이 될 수 있다. 그런 길이 꼭 열렸으면 좋겠다며 나 혼자 방법을 구상해본다.

한숨 나는
취업 현실

아직 열 살에 불과한 아들을 둔 내가 이토록 발달장애인의 취업 문제에 관심을 갖는 이유는 그만큼 취업 현황이 암울해서다.

2017년 서울시가 실시한 설문조사에 따르면 성인 발달장애 인의 82.4퍼센트가 일자리가 없다. 성인 발달장애인 중 일하는 이들이 열 명 중 두 명에도 못 미치며 여덟 명은 집에서 놀고 있 다는 얘기다. 청년실업률이 아무리 높다 한들 장애인 실업률에 미칠쏘냐. 한숨이 나는 현실이다.

고등학생까지는 학교를 다닌다. 한마디로 갈 데가 있다. 하지 만 고등학교를 졸업하는 순간 발달장애인은 개학도 없는 긴 방 학에 들어서게 된다. 취업하는 이는 소수일 뿐 대다수 성인들은 갈 데도 없고 만날 사람도 없어 집돌이 역할을 하는 경우가 태반 이라고 한다. 한창 혈기 왕성한 20대 청년들이 집에만 있으니 본 인도 죽을 맛이고 부모는 더 죽을 맛이다.

하루는 너무 답답한 마음에 주민센터에 가서 발달장애인 취 업은 어떻게 이뤄지는지 알아보았다. 중중 장애가 있을 경우 보 호작업장이라는 곳에 가서 단순 반복 노동을 하게 되는데 근무 시간도 짧고 월급은 30만 원 정도에 불과하단다. 그나마도 갈 수 있는 보호작업장이 있으면 다행이다. 보호작업장마다 대기자가 많아 들어가기도 쉽지 않고 운 좋게 들어갔다 해도 삼진아웃제

고등학교를 졸업하는 순간 발달장애인은
개학도 없는 긴 방학에 들어서게 된다.

가 있어 문제를 세 번 일으키면 쫓겨나기 일쑤라고 한다.

장애가 경증일 경우엔 바리스타 교육을 받거나 제빵 기술 등을 배워 장애인 작업장에서 일할 수가 있다. 카페나 빵집에서 만나는 발달장애인 바리스타, 제빵사 등이 이들이다. 더 기능이 좋아 사무보조 같은 일을 할 정도가 되면 일반 기업에 취직할 수도 있지만 취업문이 바늘구멍보다도 좁다. 직원이 50인 이상인 장애인 고용 의무 사업체의 장애인 고용률은 5퍼센트에도 미치지 못하는 현실이다.

우리 아들은 장래에 무엇이 될까? 무엇을 하고 살아야 할까? 자녀의 장래에 대해 이 정도로 심각하게 고민하는 부모들은 많지 않다. 나도 딸이 장래에 무엇을 하고 살지 걱정이 되긴 하지만 공부를 잘하면 잘하는 대로 못하면 못하는 대로 자신이 잘하고 좋아하는 일을 찾아 어찌됐든 밥벌이는 하고 살리라 생각한다. 세상은 넓고 할 일은 많은 것이다.

하지만 아들에게는 이러한 세상의 법칙이 통하지 않는다. 장애 아이를 키우면서 힘든 것 중 하나는 아이 인생에 대한 책임을 부모인 내가 져야 한다는 부담감이다. 내 인생을 제대로 책임지며 살고 있는지도 의문이 드는데 자녀의 인생까지도 내 몫이라

엄마가 자식의 인생을 온전히 책임져야 한다는
부담감을 사회가 조금만 나누어 지길 바란다.

는 부담감은 겪어본 이들만이 안다. 그렇다 보니 결국 엄마들끼리 자조 모임을 만들고 이를 토대로 사단법인이나 협동조합, 사회적기업 등을 만들어 내 자식의 직장을 내 손으로 구해주는 일도 빈번하다.

내가 벌써부터 아들의 취업을 걱정하는 이유다. 아들의 성인기를 두려워하는 이유다.

발달장애인이라 해서 아무것도 모르는 '바보'가 아니다. 발달장애인은 보통 성인이 되기도 전에 스스로가 남들과 다른 장애인이라는 걸 인지한다고 한다. 남들과 다르다는 걸 알기에 취업에 대한 절박함의 정도가 다르다. 그 절박함을 동기와 원동력으로 삼아 할 수 있는 일들이 분명히 있을 것이다. 게임마스터 사례만 봐도 그렇다.

아들이 취업 전쟁에 뛰어들기까지 아직 10년이 남았다. 향후 10년 안에 이 사회에서 발달장애인을 수용하는 영역이 한층 넓어지길 바란다. 엄마가 자식의 인생을 온전히 책임져야 한다는 부담감을 사회가 조금만 나누어 지길 바란다. 지금보다 조금은 더 살 만하다고 느끼는 대한민국으로 변화하길 바란다.

특수학교 대
일반 학교

아이가 뒤뚱거리며 뛰어다니는 꼬마 장애인일 땐 비장애 아이들과 별 다를 게 없다. 친구가 장난감을 뺏으면 정중한 말보다는 앙칼진 고사리 손이 먼저 나가고, 침을 질질 흘리면서 손가락으로 음식을 움켜쥐는 건 마찬가지다. 하지만 유치원을 보내야 할 '어린이 시기'로 접어들면 조금씩 차이가 벌어진다. 그때쯤 되면 엄마들의 고민도 시작된다. 아이를 특수학교에 보내야 할까? 일반 학교의 특수학급으로 보내야 할까?

장애 아이들은 크게 세 종류의 기관에서 교육을 받을 수 있다.

첫 번째는 특수학교다. 장애 아이들만 다니는 학교로 유치원부터 고등학교까지 다닐 수 있다.

두 번째는 특수학급이 개설돼 있는 일반 학교다. 일부 유치원과 많은 수의 초등학교에는 특수학급이 마련돼 있지만 중고등학교로 갈수록 특수학급이 개설된 학교 수는 급격히 줄어든다. 아이들은 이곳에서 일반 학급과 특수학급을 오가며 교육을 받는다.

마지막으로는 대안학교다. 대안학교는 장애 아이들만 다니는 학급 규모의 소규모 학교에서부터 경증 장애 아이들과 비장애 아이들이 함께 생활하는 대규모 기숙사형 학교까지 종류도 많고 형태도 다양하다.

하지만 나는 대안학교에 대해선 자세히 아는 바가 없기 때문에 일반 학교의 특수학급과 특수학교의 장단점에 대해서만 얘기하려 한다. 특수학교냐 일반 학교냐. 아이에게 어떤 교육을 받게할지는 온전히 부모의 몫이다. 부모가 선택한 교육 방침에 따라 아이가 갈 학교가 정해진다.

내 첫 번째 선택은 일반 학교의 특수학급이었다. 지역 내 특수학교도 방문해보고 일반 학교도 돌아다녀 본 끝에 내린 결론이었다. 무엇보다 이사를 불사할 각오로 교육 환경이 좋다고 소문난 다른 지역의 특수학교에 문의를 했다가 그곳 교감 선생님이 한 말이 결정적인 역할을 했다. 그는 "저희 학교에 오신다면 환영입니다. 알다시피 이러저러하게 다양한 교육 환경이 잘 갖추어져 있어요. 하지만 저에게 특수학교냐 일반 학교냐를 물어보신다면 저는 일반 학교를 가라고 말씀드리겠어요"라고 말했다.

장애 아이들이 비장애 아이들과 함께 생활할 수 있는 사실상 마지막 기회가 초등학교란다. 장애의 정도가 덜한 아이들이야 중고등학교도 일반 학교로 갈 수 있지만 대다수 아이들은 그렇지 않다고 한다. 그때는 가고 싶어도 인지 면에서 너무 많은 차이가 나기 때문에 갈 수가 없다는 것이다.

비장애인들과 어울릴 마지막 기회⋯⋯ 마지막 기회⋯⋯ 마지막 기회. 마지막⋯⋯ 마지막⋯⋯.

그 말이 가슴에 둥둥둥 울리고 메아리친다. 그래 결심했어! 초등학교까지는 일반 학교로 보낸다! 그렇게 해서 아들은 눈물 많고 사연도 많았던 일반 학교에 입학하게 되었다.

일반 학교, 불완전한 통합교육

일반 학교에서 아들은 일반 학급과 특수학급을 오가며 수업을 받았다. 국어나 수학 등 학습 위주로 이뤄지는 수업 시간에는 특수학급에 내려가 있었고 체육이나 음악, 미술 등 예체능 수업 시간에는 일반 학급에서 공부를 했다.

가장 힘들었던 건 착석이었다. 다른 1학년 아이들도 처음엔 40분 동안 앉아 있기를 힘들어한다. 하물며 왜 꼼짝 않고 앉아 있어야 하는지 상황이 이해되지 않는 우리 아들이라면 더 말할 것도 없다.

하지만 아들의 첫 담임 선생님은 비장애 아이들도, 엄마들도 벌벌 떠는 호랑이 선생님이었다. 아들의 떼쓰기는 호랑이 선생님 앞에서 아무 소용이 없었고, 그렇게 한 달이 지난 후 아들은 40분의 수업 동안 온전히 착석하는 어린이가 되었다. 사회생활의 기본인 착석. 단 5분의 착석도 힘들어하던 아들이 한 달 만에 40분 착석쯤은 거뜬히 해내는 어린이로 대변신을 한 것이다. 나는 할렐루야를 외쳤다.

아들이 착석하는 어린이가 된 것은 선생님이 무서웠기 때문만은 아니다. 학교라는 공간에서 친구들의 모습을 보며 사회생활의 규범을 배운 덕도 있다고 생각한다.

지금은 착석할 시간, 지금은 줄 서서 걸어갈 시간, 지금은 떠들면 안 될 시간, 지금은 밥 먹을 시간 등 말로 의사소통이 안 되는 아이라도 눈치를 통해 분위기를 파악한다. 일반 학교에서는 그런 것들을 배울 수 있다. 보통 아이들과 어우러져 생활하면서 사회생활의 규범과 바른 모방행동을 배운다.

하지만 일반 학교에서 더 많은 것을 기대할 수는 없다. 이를테면 비장애 아이들과 장애가 있는 내 아이가 진정한 친구 관계를 맺고 힘을 합해 모둠 활동을 하는 등 이상적인 통합 수업의 모습은 사실상 보기가 힘들다.

교사 한 명이 수업 진도를 나가며 장애가 있는 아이까지 따로

보통 아이들과 어우러져 생활하면서
사회생활의 규범과 바른 모방행동을 배운다.

챙기기는 어렵기 때문에 장애 아이는 일반 학급에서 사실상 방치되기 일쑤다. 우리 아들도 일반 학급 수업 중에는 멍하니 앉아 있거나 책상에 엎드려 잠을 자곤 했다. 그나마 지원 인력이 있어 실무사 선생님이나 공익근무요원이 수업에 동행하면 상황은 좀 나아지지만 고학년으로 갈수록 인력 지원은 끊긴다. 손이 많이 가는 저학년 아이들에게 인력이 집중 투입되는 탓이다.

이해하지도 못할 수업 시간을 지루하게 홀로 버텨야 하는 일반 학급에서의 수업과 달리 하루 두세 시간 정도 이뤄지는 특수학급 수업 때는 맞춤 특수교육을 받을 수 있다. 특수학급에 가면 뽀로로 마이크도 있고, 트램펄린도 있다. 선생님과 퍼즐 놀이도 하고, 스티커 붙이기도 하고, 크레파스로 선 긋기도 하며 자기 수준에 맞는 공부를 한다. 학기 초 일반 담임과 특수교사, 부모가 함께하는 개별화 회의를 통해 장애 아이에게 맞는 특수교육의 목표와 교육 내용을 정하고 그에 따라 학습이 이뤄지는 것이다.

비장애 아이들과 어울리며 사회생활의 규율도 배우고 필요한 특수교육도 받을 수 있는 학교생활, 얼핏 보면 장애 아이에겐 최선의 선택인 것 같지만 속내를 들여다보면 꼭 그렇지만도 않다.

앞서 말했듯 비장애 아이들과 어울리는 건 한 공간에서 함께 생활하는 정도로 만족해야 하는 경우가 많다. 마음이 착한 친구들이 도움을 주기는 하지만 친구로서 관계는 맺으려 하지 않는다. 한 공간에 있되 따로 노는 아이의 모습을 봐야만 한다. 그리고 대체로 일반 학교의 특수학급 교사들은 경증 장애 아이를 선호하는 경향이 있는 것 같다. 오로지 장애 아이들에게 집중할 수 있는 특수학교와 달리 일반 학교의 특수학급 교사들은 일반 학급 담임 선생님과 학생들은 물론 학부모들까지 신경을 써야 하기 때문이다.

그렇다 보니 장애 아이들이 자신의 의사를 마음껏 표현하도록 돕는 것보단 많은 경우 비장애 아이들에게 '피해'를 끼치지 않도록 장애 아이를 '제어'하는 방법을 찾는다. 아직 발화가 불가능한 아들이 자신의 감정과 기분을 표현하기 위해 "아갸갸갸"라는 외계어를 말할 때마다 주변 어른들은 아들의 입을 막기 바빴다. 비장애 아이들의 수업에 방해를 주지 않기 위해서였다.

일반 학교 입학 시 고려해야 할 또 하나의 요소는 '엄마의 마음가짐'이다. 비장애 아이 엄마들 사이에서 홀로 분투해야 하는 장애 아이 엄마의 전투력도 중요한 요소다.

보통 엄마들은 아이를 처음 초등학교에 입학시키고 나면 마음이 조마조마하다. 그런데 집에 온 아이가 첫날부터 "우리 반에 말도 못하고 이상한 아이가 있어"라고 하면 심장이 덜컹 내려앉는다. "하필 장애인이랑 같은 반이 되다니. 우리 아이 수업에 방해받는 거 아니야?" 이런저런 걱정부터 한다. 그러한 걱정이 과잉 우려나 뒷담화로 발전되지 않도록 장애 아이의 엄마가 먼저 행동에 나설 필요가 있다. 편지도 돌리고 사탕도 돌리며 먼저 다가가야 할 필요가 있다.

하지만 이런 노력조차도 싫거나 '유리 멘탈'이라 편견으로 가득 찬 비장애 아이 엄마들의 얼굴은 차마 볼 용기가 안 난다면 통합교육이 갖는 장점을 포기하더라도 특수학교로 가는 게 낫다. 적어도 특수학교에서는 장애 아이에 대한 '차가운 시선' 때문에 상처받는 일은 없기 때문이다.

특수학교, 공교육의 실패

자, 아이가 특수학교에 들어갔다. 분명 엄마의 마음은 한결 편하다. 눈치 볼 사람도 없고, 아무도 내 아이를 이상한 눈으로 쳐다보지도 않는다. 부모나 아이가 마음을 다칠 환경으로부터 차단되어 있다. 게다가 같은 처지의 엄마들끼리 모임도 활성화되어 있고, 장애 관련 교육을 받을 기회도 많다. 일단 엄마의 마음이 편하다는 게 특수학교의 최대 장점이다.

하지만 말 그대로 장애 아이들만 다니는 특수학교다. 바른 모방 대상을 찾기가 쉽지 않다. 중증 장애 아이가 경증 장애 아이를 모방해야 하는 상황이다. 더러는 경증 장애 아이가 중증 장애 아이가 보이는 안 좋은 습관을 모방해 따라 하는 일도 발생한다.

안 그러던 아이가 같은 반 친구의 드러눕는 모습을 보고 따라 하는 것이다. 말로 몇 번 타이르면 행동 수정을 하는 비장애 아이들과 달리 발달장애가 있는 아이들은 하나의 문제 행동이 발생하면 그것을 고치기 위해 수백, 수천 번의 반복 노력을 기울여야 한다. 바른 모방행동을 배운다는 측면에서 고민이 되는 부분이다.

특수학교에 아이를 보내는 부모들은 맞춤교육을 기대한다. 장애가 있는 내 아이의 특성에 맞게 전문적인 교육을 받을 수 있을 것이라 기대한다. 그것이 통합교육을 포기하고 특수학교에 입학시키는 가장 큰 이유일 게다.

하지만 일반 학교와 특수학교를 모두 경험해본 나는 다른 이야기를 하고자 한다. 맞춤 특수교육을 받고 싶으면 특수학교가 아닌 일반 학교에 가라고 말하고 싶다. 이유는 다음과 같다.

특수학교에서 맞는 첫 번째 학부모 참관 수업 날, 두근거리는 마음을 안고 아들의 교실로 향했다. 교사 한 명과 실무사 선생님 한 명이 장애 아이 여섯 명을 가르친다. 교실로 들어가니 엄마들에게 자기 자녀의 뒤에 가 앉으라 한다.

엄마의 모습을 본 아들은 기분이 좋아서 난리가 났다. 자꾸 뒤를 돌아보며 자기 뺨을 엄마 뺨에 대고 부비부비한다. 기분이 좋을 때 내는 외계어도 많아지기 시작한다. 발도 통통 튕긴다. 엄마가 와서 행복한 기분을 온몸으로 표현한다.

수업이 시작됐다. 먼저 텔레비전에 나오는 영상을 보고 동물원과 식물원, 식당, 의무실 등 밖에 나갔을 때 볼 수 있는 '장소'에 대해 배운다. 그다음엔 인쇄물을 받고 상황에 맞는 그림끼리 연결하는 선 긋기를 한다. 오려붙이기도 한다. 가위질을 할 줄 모르는 아들을 위해 내가 오리고 아들은 풀칠을 한다.

퍼즐 맞추기도 한다. 아이들은 장애 정도에 따라 다른 모양의 퍼즐을 받았다. 우리 아들은 가장 쉬운 네 조각 퍼즐이다. 그나마도 얌전히 퍼즐을 맞추는 게 아니라 한 조각을 반으로 분지르려 해서 얼른 뺏었다.

마지막으로 단어를 배운다. 동물원, 식물원, 식당, 의료실. 선생님의 손짓에 따라 세 명이 복창을 한다. 발화가 안 되고 한글을 모르는 나머지 세 명은 먼 산만 보고 있다.

그렇게 학부모 참관 수업이 끝났다. 이날 수업을 함께 하며 특수교사란 직업이 얼마나 힘들고 고된지 알게 되었다. 여섯 명의 장애 아이들은 저마다 다른 외계어를 난사했고, 수시로 자리 이탈을 시도했으며, 제각기 다른 상동행동을 이어 나갔다.

담임은 그런 와중에도 여섯 명의 아이들을 최대한 배려하려 애썼다. 선 긋기, 오려붙이기를 할 때도 아이들은 발달 상황에 맞게 각기 다른 과제를 받았다. 그럼에도 아들은 수업에 전혀 집중하지 못했다. 왜냐하면 이날 수업이 아들에게는 양자역학을 배우는 것이나 다름없이 느껴졌기 때문이다.

발화도 안 되고 기역니은도 모르는 아이에게 한글 단어를 가르치니 아들은 이게 뭔가 싶다. 반면 이미 한글쯤은 다 아는 아이는 진도를 더 나아가야 했는데 수업에서는 그 부분을 전혀 충족시켜주지 못했다. 특수학교이기에 필연적으로 벌어질 수밖에 없는, 공교육 실패의 현장을 목격한 것이다.

장애 아이들에게
'중간 지점'은 없다

특수교육에 있어 '중간 지점'이라는 건 애초에 성립될 수 없는 개념이다. 누구를 위한 중간 지점인가? 중간에 있는 딱 한 아이를 위한 중간 지점? 그럼 그것은 중간 지점에 맞춘 교육이 아닌 그 아이 하나만을 위한 특수교육이다.

일반 학교 특수학급에서는 서로 다른 학년의 장애 아이를 가르쳐야 하기 때문에 개별 아이들의 특성에 맞는 교육을 할 수 있다. 하지만 같은 학년 아이들끼리 모여 있는 특수학교에서는 교과과정에 따라 하나의 수업을 진행한다. 수업은 교과대로 진행하되 그 안에서 아이들 특성에 맞게 개별화 교육을 시키는 것은 담임의 몫이다. 그런데 내가 직접 겪어보니 알겠다. 매일 수업마

> 이건 담임의 문제도 아니고 학교의 문제도 아니다.
> 공교육 시스템의 문제다.

다 담임이 장애 아이 여섯 명을 전부 챙길 수는 없다.

수업의 진도가 문제가 아니다. 누군가는 끊임없이 자리를 이탈하려 하고, 누군가는 소리를 지르기도 하고, 누군가는 자꾸만 손가락을 빨고 여기저기 침을 묻히기도 한다. 그 모든 것을 적절히 통제해가면서 동시에 여섯 가지 방식으로 수업을 진행하라니 이게 말이나 될 법한가!

맞춤 특수교육을 받는 줄 알았던 특수학교에서 맞춤 특수교육이 전혀 시행되지 못하고 있다. 이건 담임의 문제도 아니고 학교의 문제도 아니다. 공교육 시스템의 문제다. 서로 발달 정도가 다른 장애 아이들을 한 교실에 몰아넣고 교육부 지침에 따라 교과 내용대로 공통된 수업을 진행토록 하는 현행 특수교육 제도의 문제인 것이다.

장애 아이들만 다니는 특수학교다. 그렇다면 이 아이들은 학교에서 배우는 공교육만으로도 저마다의 발달에 도움이 되는 맞춤 특수교육을 받아야 한다. 그러기 위해선 지금처럼 학년별로 반을 나눌 게 아니라 발달 정도에 따라 반 배정을 해야 한다. 나는 그렇게 생각한다.

무조건 학년별로 반을 구성하다 보니 이런 일이 벌어진다. 수업을 이해 못하는 아이들은 양자역학을 배우는 것이나 다를 바 없는 시간을 견디기 위해 상동행동을 한다. 반면 인지가 좋은 아이들은 이미 아는 것을 배우는 수업 시간이 의미가 없다. 이 아이들에겐 더 높은 단계의 학습이 필요하다.

교육부에 문의했다. 이 문제를 어떻게 해결할 것인지 물었다. 올해까지 특수교사 수를 대폭 늘림으로써 교사 1인당 맡는 장애 아이 수를 줄이는 해결책을 제시한다. 특수교육 인력을 늘리기로 한 현 정부의 공약에 따라 올해엔 작년의 두 배인 1천 명 정도의 특수교사를 새로 뽑을 계획이란다. 하지만 특수교사 수가 늘어나도 아이들 반을 더 세밀하게 나눌 수 있는 교실이 특수학교에는 부족하다. 공간이 있어야 반을 늘리고, 그래야 늘어난 특수교사도 현장에 투입할 수 있을 것이다. 그 지적에는 교육부도 묵묵부답이다.

현재 학년제로 되어 있는 반 구성 방침은 앞으로도 계속 유지될 것으로 보인다. "장애 아이들도 비장애 아이들처럼 나이에 맞게 학년이 올라가고 졸업을 하는 게 그들의 인권"이라는 게 교육부의 인식이었다. 공교육 현장에서 배우는 것 없이 멍 때리다 오면서 나이에 맞게 학년만 바뀌고 졸업장만 받으면 그것이 장애인의 인권을 찾는 길인지 의구심이 든다.

장애가 없는 보통 아이들이 학교에 가서 수업을 받는다. 학생들은 저마다 학습 발달 수준에 차이가 있기 때문에 모두가 수업

공교육 현장에서 배우는 것 없이 멍 때리다 오면서
나이에 맞게 학년만 바뀌고 졸업장만 받으면
그것이 장애인의 인권을 찾는 길인지 의구심이 든다.

내용을 똑같이 이해하는 건 아니다. 그래서 교사들은 '중간 지점'에 맞춰 수업을 한다. 하지만 장애 아이들에게도 이것을 똑같이 적용하면 안 된다. 이들에겐 '중간 지점'이란 게 없다. 일반 학생들의 교육은 대학 진학 여부와 직결되지만 장애 아이들의 교육은 그들의 생존권과 직결된다.

'비장애인 중심 사회로의 편입'이 목표라면 비장애 아이들과 똑같은 교과과정을 공부하는 게 아니라, 비장애인들과 어울려 사는 데 무리가 없을 정도의 일상생활 자조 기술을 익히는 데 중점을 두어야 한다. 그래야 학교를 졸업한 뒤 비장애인 중심 사회로 무리 없이 편입될 수 있다.

일반 학교에서는 통합교육이 불완전하고 특수학교에서는 맞춤 특수교육이 이뤄지지 않고 있다. 우리 아들은 어디로 가서 어떤 교육을 받아야 하나? 장애를 안고 사는 건 죄가 아닌데 왜 우리 아들은 공교육 체제 내에서 필요한 교육을 받을 수 없는 것인가? 나는 어디에 책임을 물어야 하는가? 누가 내 질문에 답할 수 있는가? 가슴이 답답한 현실이다.

우리는 장애 아이의
엄마입니다

친구들 모임에 나가는 발걸음은 늘 가볍다. 하지만 학부모 모임은 나가도 고민 안 나가도 고민이다. 나가더라도 입담이 무서워 행동거지를 조심하게 되고, 그런 꼴이 보기 싫어 안 나가자니 우리 아이만 소외될까 두렵다. 장애 아이를 키우는 엄마들 모임이라 해도 크게 다르진 않다. 밥 먹고 차 마시고 수다를 떨어도 왠지 모를 허전함은 여전하다. 왜일까? 왜? 곰곰이 생각해보니 공통된 목적의식이 없어서인 것 같다.

누가 더 좋은 엄마인가, 누가 더 유명한 치료실에 다니나, 누가 더 아이 치료비를 많이 쓰나 등의 얘기가 오가는 엄마들 모임에 회의를 느끼던 중 참으로 긍정적이고 발전적인 모임을 꾸려가는 엄마들을 만나게 되었다. 우연한 기회에 영유아 발달장애 엄마들의 자조 모임인 '무지개모임'에 초대를 받아 참석하게 된 것이다. 나 혼자 사는 엄마들의 모임이냐고? 아니다. 예능 프로그램 〈나 혼자 산다〉의 전현무 회장이 있는 그 무지개모임이 아니라 자폐 아이를 키우는 은창이 엄마 김정아 회장이 이끄는 무지개모임이다.

무지개모임은 2015년에 만들어졌다. 설립 배경은 이렇다. 정아 씨는 아이가 두 살 때 자폐 진단을 받고 나서 얼마간 눈물로 세월을 보냈다. 그러다 문득 깨달았다. 장애는 고쳐지는 병이 아니다. 아이가 평생을 안고 살아야 하는 특성이다. 남다른 특성을 갖고 있는 내 아이를 장애인 복지가 척박한 대한민국에서 잘 키워내려면 엄마인 내가 스스로 길을 개척해 나갈 수밖에 없다. 눈물을 쓱 훔치고 두 주먹을 불끈 쥐었다. 여기저기 수소문하고 도움을 구하다 발달장애 아이의 엄마이자 특수교육 전문가인 이경아 박사를 만나게 되었다. 그녀를 만나 상담을 하면서 같은 생각을 가진 엄마들의 자조 모임을 만들었다.

자조 모임의 목표는 발달장애가 있는 아이들의 행복과 자립이다. '장애인 월드'가 아닌 지역사회 안에서 이루는 행복과 자립이 목표다. 비장애인들과 같은 극장에서 영화를 보고, 같은 마트에서 장을 보고, 같은 음식점에서 외식을 하고, 바로 옆집에서 살아가는 평범한 일상을 누리는 게 목표다.

처음에는 은창이와 같은 어린이집을 다니는 엄마들이 주축이

돼 자조 모임을 꾸렸다. 이름을 무지개모임으로 정하고 나서 가장 먼저 한 일은 공부였다. 엄마가 먼저 알아야 했다. 내 아이는 자폐증, 내 아이는 지적장애, 내 아이는 뇌병변……. 아이의 문제와 특성을 정확히 알아야 했다.

"우리 아이의 장애는 어떤 특성을 갖고 있나요? 어떤 자극을 받으면 어떤 반응이 나오나요? 대체 왜 이런 행동을 하는 거예요? 이럴 때는 어떻게 대응해야 하는 거예요?" 발달장애인으로 살아본 적 없는 엄마들은 자신과 다른 생각 회로, 다른 감각을 갖고 있는 내 아이에 대해 아무것도 모른다. 책에 나온 설명을 보고 짐작만 할 뿐이다. 내가 받았던 가정교육은 장애인인 자식 앞에서 아무 소용이 없다.

무지개모임 엄마들은 강사를 초빙해 공부하기 시작했다. 여러 전문가들을 초청해 장애에 대해 배웠다. 내가 참석했던 날도 '자폐 범주성 장애 아동을 위한 종합적 교육 접근, SCERTS 모델'을 공부하고 있었다. 'SCERTS 모델'은 장애 아이의 특성을 있는 그대로 인정하고 그에 대응하는 어른들의 태도를 바꿔 아이의 발전을 끌어내는 데 중점을 둔 교육 방식이다.

쉽게 설명하면 이렇다. 아이가 말을 안 할 때 발화를 억지로 끄집어내려고 강압적인 분위기를 조성하지 않는다. 예를 들어 치료사가 손으로 아이 얼굴을 움켜쥔 채 강제로 발음을 교정하고 원하는 단어를 말해야만 보상을 주는 방식을 지양한다. 대신 아이가 스스로 말 또는 언어적 표현(몸짓이나 비슷한 단어 말하기 등)을 할 수 있을 때까지 지지하고 기다려주는 환경을 만든다. 즐겁게 도전하는 상황을 만들어 스스로 발화할 수 있도록, '성공'의 경험이 축적될 수 있도록 유도한다.

호오. 내가 평소에 갖고 있던 생각과도 맞닿아 있다. 장애 아이 문제 행동의 양태와 기능, 대체 행동 지정해주기, 행동 중재 등 평소에 고민하던 부분을 알기 쉽게 설명해준다. 귀에도 쏙쏙 잘 들어온다.

강의를 들으며 그동안 아들이 숟가락질을 하지 않고 손으로 밥알을 집어 먹으려 할 때마다 무조건 못하게 막기만 했던 일을 반성했다. 앞으로는 무조건 막을 게 아니라 촉감 자극을 받을 수 있을 만한, 밥알을 대신할 수 있는 물렁물렁한 대체품을 한 손에 쥐여주고 다른 한 손으로 숟가락질을 할 수 있는 환경을 만들어 줘야겠다고 생각한다.

오랫동안 길게
사랑받을 사람들

함께 공부만 하는 게 아니다. 같은 곳을 바라보며 나아가다 보니 속마음도 다 터놓고 지낸다. 이날도 가족 때문에 지친 한 엄마가 이야기 보따리를 풀어놓자 다 함께 고민하고 방법을 찾는다. 그렇게 모여 공부도 하고 서로 위로도 한다. 그런데 여기서 끝이 아니다. 무지개모임은 한 달에 네 번 이상 모인다. 모여서 뭐를 하느냐. '거북이 모터 달다'라는 사업을 한다.

'거북이 모터 달다'는 발달장애 아이들과 비장애 형제자매들이 이웃과 더불어 건강한 사회의 일원으로 성장하자는 목표를 세워 실천하기 위한 사업이다. 2016년에 양천구 마을공동체 사업에 선정되어 처음 시작했다.

무지개모임 회원들은 이 사업을 통해 장애인 가족과 비장애인 가족이 함께 모여 노는 놀이마당(숲 체험, 과자 집 만들기, 축구 교실, 얼음 조각 만들기 등)을 열고, 지역사회 활동(양천구 한마당축제 등)에 참여하고, 장애 아이들만 따로 모여 체육 수업을 받고, 가족들끼리 다 함께 여행을 떠나기도 했다.

회장인 정아 씨는 말한다. 무지개모임과 같은 자조 모임이 전국 곳곳에 많이 생겨났으면 좋겠다고. 소규모 자조 모임이 활성화되고 서로서로 이어져 '지역사회 내 발달장애인의 자립'이라는 큰 목표를 향해 함께 나아가다 보면 언젠가는 우리 엄마들이 꿈꾸는 그런 사회를 만들 수 있지 않겠냐고. 무지개모임은 영유아 발달장애인 부모 자조 모임의 좋은 롤 모델이 될 것 같다.

장애 아이의 엄마들은 내 아이가 행복하게 살아 나갈 미래를 위해 스스로 길을 개척해 나가야 한다. 이게 힘든 점이기도 하다. 그동안 내가 장애 아이 엄마들 모임에서 회의를 느꼈던 이유도 이 때문이었다.

비장애 아이를 키우는 엄마들이 우리 아이 무슨 학원을 다니고 하루에 책을 몇 권 읽는다고 자랑하는 것처럼 장애 아이 엄마들도 어떤 치료실을 다니고 어떤 교육을 시키는지만 서로 늘어놓기 바빴던 것이다. '각자'만 있을 뿐 '함께'라는 연대의식이 없었다.

하지만 무지개모임 엄마들은 '각자'가 아닌 '함께'라는 연대의식과 공감대를 토대로 사회를 향한 발걸음을 시작하고 있었다. 이미 이런 과정을 다 거쳐 나름의 길을 닦아놓은 선배 엄마들도 있고, 언젠가는 자조 모임을 만들겠다며 막연히 계획 중인 영유아 후배 엄마들도 있을 것이다. 아니면 아직도 이불 속에서 눈물만 흘리는, 이제 갓 '장애인 월드'에 입문한 멘탈 붕괴 상태의 엄마들도 있을 것이다.

사람들은 그런 우리를 가리켜 장애 아이의 엄마라고 부른다. 이것이 같은 세상에서 다른 삶을 사는 우리의 모습이다. 이들은 나와 상관없는 타인이 아니다. 바로 내 주변에서 살아가고 있는 우리 이웃의 또 다른 모습이기도 하다.

기분 좋은 마음으로 모임을 마치고 집에 가려는데 정아 씨가 묻는다. "장애인이 왜 장애인인 줄 아세요?" 내가 장애의 사전적 의미를 말하려던 찰나, 정아 씨가 먼저 답을 알려준다.

"장(長), 애(愛), 인(人). 오랫동안 길게 사랑받는 사람이라고 장애인이래요."

장애인(長愛人). 오랫동안 길게 사랑받을 사람들. 터져 나오는 기쁨에 입이 다물어지지 않는다. 그 기쁨은 곧 여운이 되어 마음을 울린다. 長愛人…… 長愛人…… 長愛人……. 마음속에 충만함이 가득 차오른다.

4부

독립된 인간으로 산다는 것

삶의 기본은
삶의 터전

앞으로 30, 40년 뒤 이 세상과 이별할 순간을 상상해본 적이 있는가? 그때가 오면 어떤 느낌일까? 살아온 인생에 대한 후회가 밀려올까? 아니면 홀가분하고 편안할까? 나는 그 순간이 빨리 오길 바라면서도 한편으론 며칠이라도 늦춰지길 바란다. 나 없으면 찬밥 신세가 될 아들의 처지를 생각하면 두렵기 때문이다.

딸에 대한 두려움은 코딱지만큼도 들지 않는다. 30, 40년 뒤면 지금의 내 나이 정도가 되었을 우리 딸은 남편과 아이들에게 아침마다 "빨리 일어나! 또 늦었어!"라고 소리를 질러대는 씩씩한 중년 아줌마가 되어 있을 것이다. 성질머리가 날 닮았기에 딸의 미래는 어렵지 않게 그려진다.

하지만 아들은? 나 죽고 나면 어쩌지? 어디 으슥한 장애인 시설에 들어가 매를 맞으며 학대를 받다 병으로 죽게 될까? 아니면 뉴스에 나온 염전 노예 사건처럼 외딴 섬에 끌려가 죽을 때까지 일만 하게 될까?

팔순의 부모 눈엔 환갑의 자식도 그저 물가에 내놓은 아이 같은 법이다. 하물며 진짜로 정신연령이 어린아이에 머물러 있는 발달장애인 자식은 어떨까. 아마 나는 죽어도 죽는 게 아닐 게다. 마지막 숨 한 모금을 내뱉는 그 순간까지 "내 새끼 어쩔꼬…… 이제 어쩔꼬" 하다가 세상을 뜰 것만 같다. 생각하기도 싫지만 외면할 수도 없는 현실이다. 그래서 나는 이제 내가 죽고 난 뒤 내 아들이 살아갈 사회에 대해 생각한다. 아직 먼 미래의 일이라고 손 놓고 있을 수만은 없다. 왜냐고? 이유는 다음과 같다.

우리들이 살고 있는 이 사회는 이미 오랜 시간에 거쳐 탄탄한 시스템이 구축되었기 때문에 우리는 그저 각자의 능력과 개성에 따라 사회 곳곳에 스며들기만 하면 된다. 하지만 장애인, 특히 발달장애인이 살아 나갈 사회의 시스템은 이제 막 첫발을 내딛는 단계에 있다. 발달장애인이 도움을 받을 수 있는 복지 시스템은 지금도 계속 수정되고, 또 새로 만들어지고 있기 때문에 오늘을 사는 우리의 뜻과 의지에 따라 앞으로 천국의 시스템을 갖추게 될 수도 있고 지옥의 시스템이 구축될 수도 있다.

나는 이제 내가 죽고 난 뒤
내 아들이 살아갈 사회에 대해 생각을 한다.

그래서 지금이 중요하다. 우리의 관심이 필요한 때는 바로 지금 이 순간이다. 우선 먹고사는 문제부터 해결하고 나서 나중에 여유 있을 때 관심 갖겠다고 하면 늦는다. 지금부터 관심을 기울여야 다가올 미래의 모습을 바꿀 수 있다. 내 아이가 살아 나갈 미래의 모습이 달라진다.

여기서 왜 우리냐고 의아해하는 사람이 있을지도 모르겠다. 그건 장애 아이 부모인 당신들 몫이 아닌가요? 똑똑하고 잘난 내 새끼는 장애도 없고 평생 장애인 근처에 갈 일도 없는데 왜 나까지 관심을 가져야 하나요?

이에 대해서는 앞에서도 거론한 적이 있다. 나도 그랬다. 장애는 나와는 상관없는, 먼 일, 남의 일인 줄만 알고 살았다. 내가 당사자가 될 줄은 꿈에서조차 생각해본 적이 없다. 그러다 아들을 낳고 나서야 알게 됐다. 장애는 누구에게나 올 수 있다는 것을. 장애인 가족은 누구나 될 수 있다는 것을.

내 자식은 장애가 없이 태어났다 해도 내 자식이 낳을 자식은, 그러니까 내 손주는 자폐나 ADHD를 갖게 될지도 모른다. 이유는 알 수 없다. 발생 원인을 모르는 발달장애인이 늘고 있다는 게 더 무서운 현실이다. 어디 그뿐이랴! 돈 잘 벌고 말 잘 듣는 착한 내 남편이 어느 순간 뇌졸중으로 쓰러져 네 살짜리 어린아이가 되어버릴지도 모르는 일이다. 그런 일은 예고 없이 찾아온다. 외면하고 싶은 사실을 하나 더 얘기하자면, 우리 모두는 '예비 장애인'이다. 인간으로 태어난 이상 '장애'에서 자유로울 수 있는 사람은 아무도 없다.

장애인 복지와 제도에 대해 우리 모두 관심을 가져야 하는 이유다. 아직 장애인 복지 시스템이 완전히 구축되기 전인 지금부터 모두가 관심을 갖고 '잘' 감시하고 독려하는 게 중요하다.

지역사회 안에서
스스로 살아가기를

미래로 날아가 본다. 우리 아들은 마흔 살이 되었다. 나는 일주일 전에 죽었다. 남편은 나보다 1년 먼저 세상을 떠났다. 가정을 꾸리고 자신의 삶을 열심히 살고 있는 딸에게 동생에 대한 책임을 지우긴 싫다. "너는 너만의 삶을 살아라." 아마도 내가 딸에게 남길 유언일 게다.

혼자 남겨진 아들의 선택지는 세 개다. 엄마랑 살던 집에서 계속 혼자 살거나, 장애인들이 삼삼오오 모여 사는 그룹홈에 들어가거나, 장애인 보호시설에 입소하거나.

중증 지적장애가 있는 아들이 혼자 살기는 아마도 어려울 것이다. 활동보조인의 도움을 받으면 가능하지 않을까 생각하겠지만 말처럼 쉽지는 않다. 활동보조인이 부모처럼 24시간을 함께하는 것도 아닐뿐더러 성인 발달장애인은 활동보조인의 도움을 받을 수 있는 시간도 적다.

그렇다면 다음으로 생각해볼 수 있는 선택지는 그룹홈이다. 발달장애인 3, 4명이 사회복지사의 관리하에 생활하는 그룹홈은 어찌 보면 이상적으로 보인다. 하지만 이곳은 입소하고 싶어도 할 수 없는 경우가 더 많다. 그룹홈은 낮에는 직장에 나가고 밤부터 아침까지 그룹홈에서 생활하는 장애인을 대상으로 하기 때문이다. 기능이 낮아 취업을 하지 못한, 그러니까 열 명 중 여덟 명에 이르는 미취업 발달장애인은 그룹홈에 들어가고 싶어도 들어갈 수가 없다.

그렇다면 장애인 보호시설에 입소를 해야 한다. 우리가 흔히 시설이라 부르는 곳이다. 물론 사랑과 봉사 정신이 넘치는 이들이 운영하는 좋은 보호시설이 더 많겠지만 간혹 보호자들도 모르는 곳에서 잔혹한 일이 벌어지는 무서운 곳도 꽤 있을 것이다. 그리고 사랑과 봉사가 넘치는 좋은 보호시설이라 해도 시설이나 운영이 폐쇄적이기 때문에 집 같은 포근함은 기대하기가 어려울 것이다. 단체생활이 불가피하므로 군대와도 같은 규칙적인 생활에 적응해야 할 것이다. 적응하지 못하면? 쫓겨나거나 벌을 받을 것이다.

장애인 보호시설은 장애인 당사자가 할 수 있는 최선의 선택지가 아니라 어쩔 수 없는 상황에서 선택한 차선책이다. 갈 곳 없는 발달장애인 수는 늘어가는데 이들을 껴안을 공간은 많지 않으니 점점 큰 규모의 시설이 만들어진다. 그러다 보니 주로 인권 문제와 관련된 부작용이 속출한다. 최근 발달장애인 업계에서는 장애인 주거 정책 중 '탈시설' 방안이 많이 거론된다.

나 죽고 난 뒤에 닥칠 아들의 주거 문제, 생각하면 생각할수록 암담하던 차에 눈이 번쩍 뜨이는 책 한 권을 읽었다. 《정신은 좀 없습니다만, 품위까지 잃은 건 아니랍니다》라는 제목의 책인데, 제목처럼 정신없어 보이지만 내용은 무지하게 재미있다.

이 책은 '살면서 늙는 곳'을 모토로 한 일본의 치매 요양시설 '다쿠로쇼 요리아이'의 설립 과정을 담았다. 치매도 발달장애와 크게 다르지 않았다. 발달장애인이 그러하듯이 치매에 걸리면 죽을 때까지 보호의 손길이 필요하다. 보호자의 대부분은 가족인데, 가족이 치매 노부모를 보호할 수 없는 경우엔 요양시설로 들어간다. 발달장애인이 시설로 들어가듯이 말이다.

'다쿠로쇼 요리아이'는 폐쇄된 치매 요양시설에 반기를 들었다. "치매에 걸렸다는 이유만으로 정든 집과 이별해야 하는 이유는 무엇일까?"라는 의문을 제기했다. 요양시설에 들어가지 않고 지역사회 안에서 일상생활을 하듯 살 수 있는 곳을 만들고자 했다. 그리고 성공했다. 눈이 번쩍 뜨였다. 치매 요양시설에 관한

장애인들만 모여 사는 '장애인 월드'가 아닌
지역사회 안에서 구성원의 더불어 살기를 구현하는.

책이라지만 '치매'라는 단어를 '발달장애'로 바꾸기만 하면 우리 아들에게도 적용시킬 수 있었다. 이런 주거 모델이 갖춰진 곳이라면 나도 30, 40년 뒤에 안심하고 눈을 감을 수 있으리라. 우리나라에도 이런 곳이 있을까?

다행히 최근 들어 장애인을 위한 다양한 주거 모델이 생겨나고 있다. '다쿠로쇼 요리아이'처럼 시설이되 시설 같지 않은 탈시설을 목표로, 장애인들만 모여 사는 '장애인 월드'가 아닌 지역사회 구성원으로서 더불어 살기를 구현하는 장애인 주거 형태가 모색되고 있는 것이다.

아들이 다니는 특수학교의 재단에서도 '자립 지원 주택'이라는 이름으로 새로운 형태의 장애인 주거 시설을 연구하고 있는데 설명을 들어보니 '다쿠로쇼 요리아이'의 소규모 형태인 듯하다.

하지만 아쉽게도 이러한 형태의 새로운 주거 모델은 거의 민간이 주도하고 있다. 한 명의 목사가, 하나의 재단이, 하나의 연구소가, 또는 각 분야의 부모와 단체 등 민간인들이 새로운 형태의 주거 모델을 연구하고 시도한다. 민간이 주도하기에 많은 예산을 확보할 수 없고 한정적으로 운영된다. 새로운 주거 모델이 개발되어도 소수만이 혜택을 누리게 된다.

　민간에서 이렇게 다양한 연구를 하는 동안 나라에서는 무엇을 하는 걸까? 애석하게도 보건복지부는 전국에 있는 480여 개 장애인 거주 시설에 국비를 지원하는 일만 하고 있다. 2017년 예산은 4천 5백억 원이었다. 4천 5백억 원의 국비를 480여 개의 장애인 시설에 지원하고 가끔 나가서 관리 감독을 하기도 했다.

　직접 전화를 걸어 물어보니 보건복지부에서는 장애인 주거 모델을 연구하지 않는다고 한다. 특별히 정책 개발을 하고 있는 것도 없단다. 작년까지 복지부는 그랬다. 하지만 올해는 기대를 해볼까 한다. 새로 출범한 정부가 복지제도에 큰 관심을 갖고 있다고 밝힌 만큼 앞으로는 정부가 주도하는, 발달장애인을 위한 여러 가지 주거 정책도 마련될 수 있을지 지켜볼 일이다.

자식으로부터
독립할 준비 되셨습니까?

　딸은 일곱 살이 된 해 겨울에 처음으로 외박을 했다. 그 시기에 딸 유치원 친구들끼리 서로 집에 초대해 노는 게 유행처럼 번졌는데, 나도 이틀에 걸쳐 집안 대청소를 한 뒤 꼬마 아가씨 다섯 명을 초대해 극진히 수발을 들었다. 노느라 주변은 신경 안 쓰는 듯 보였던 꼬마 아가씨들은 마치 눈에 CCTV 기능을 탑재한 듯, 자기 집으로 돌아가면 사소한 것 하나까지 엄마에게 말하곤 했다.

　"가스레인지 위에 먼지가 있었어.""국이 맛이 없더라.""빨래가 안 개어져 있었어."

　꼬마 아가씨들에게 흠 잡힐까 봐 무서워 시부모님이 방문했을 때보다 더 정성스럽게 손님 접대를 해서 보냈더니 답례처럼 이번엔 친구들이 딸을 집에 초대한다. 친한 쌍둥이 자매의 초대를 받은 날, 딸이 자고 오겠다고 고집을 부린다. 아이들 부모도 허락한 데다 "진짜 소원이야. 응?" 하며 애원하는 딸의 눈빛을 보니 거절할 수가 없다.

그렇게 일곱 살 딸이 처음으로 내 곁을 떠나 외박을 하던 날. 밤에 아들을 재우는데 이상하게 가슴이 두근거린다. 콩콩콩 콩콩콩. 심장이 계속 두근거리고 갑자기 눈물도 왈칵 날 것만 같다. 왜 이렇게 불안한 거야? 방금 전 통화해보니 아이는 잘만 놀고 있던데…….

그때 알았다. 지금 이 상황에서 분리불안을 느끼고 있는 건 딸이 아니라 엄마인 나라는 걸. 모녀 관계에 얽매여 독립하지 못하는 쪽은 어린 딸이 아니라 엄마인 나였다는 걸. 보통 분리불안이라고 하면 어린 자식이 부모에게 느끼는 감정으로만 알고 있다가 반대의 경우도 있다는 걸 그때 처음 깨닫게 되었다

딸이 열 살 된 지금 나는 태권도장에서 1박 2일 합숙할 사람을 선착순으로 모집한다고 하면 제일 먼저 가서 등록을 해준다. 딸이 초등학교에 들어가면서 자연스럽게 서로에게서 독립하기 시작한 것이다. 처음엔 엄마나 할머니가 등하교는 물론 학원 오가는 것까지 일일이 책임졌는데 이젠 하교를 하면 딸 혼자서 학원으로 간 뒤 학원 차를 타고 집에 온다.

집 근처 가까운 거리는 혼자 나가 엄마 심부름을 하게 되면서

딸은 엄마 없이도 해 나갈 수 있는 것들을 자연스럽게 익히기 시작했다. 딸은 그렇게 엄마와 따로 할 일을 하면서 심리적으로도 독립해 나가고 있다.

문제는 아들이다. 발달장애가 있는 아들, 열 살이지만 체감 나이는 두 살 정도로 느껴지는 아들, 마냥 어리게만 느껴지는 아들에게서 심리적으로 독립하기는 훨씬 더 어려운 일이다. 심지어 나는 아들과 내가 마치 하나로 연결되어 있는 듯한 느낌마저 받는다. 아들이 타인처럼 느껴지지 않는 것이다. 처음에는 잘 몰랐다. 하지만 몇 가지 일을 통해 이 사실을 깨닫고는 깜짝 놀랐다.

나는 집중하는 시간이 매우 중요한 사람이다. 성격인지 기질인지 아무튼 쉽게 고쳐지지 않는데 결혼 전에는 퇴근 후 들어와 음악을 듣거나, 만화책을 읽거나, 인터넷을 할 때면 미리 가족들에게 '접근 금지' 요청을 하곤 했다. 집중해서 일에 몰입해 있는데 여동생이 화장품 빌려달라고 노크라도 하면 화가 나서 난리를 쳤다. 내 소중한 '집중'을 깼다고 말이다.

지금도 다르지 않다. 원고 마감이 밀릴 때면 딸 방에서 노트북을 켜놓고 일을 한다. 남편과 딸에게 미리 엄포를 놓는다. 근처엔 얼씬도 말고 텔레비전도 켜지 말라고. 집중을 깨면 안 된다고. 그러다 딸이 읽을 책을 가지러 자기 방에 들어온다. 나한테 말을 시키는 것도 아닌데 나는 딸이 방에 들어왔다는 이유만으로 집중이 깨진다. 화가 부글부글 난다. 그런데 아들이 방에 들

자식의 독립된 삶을 말하기에 앞서 부모인 내가 먼저 자식에게서 심리적으로 독립해야 한다.

어와 노트북을 만지고 내 목을 껴안고 장난을 쳐도 집중이 깨지지 않는다. 어르고 달래가면서도 할 일을 마저 한다.

밤에 잘 때도 그렇다. 아들과 딸을 양옆에 눕히고 나는 가운데에 눕는데 아이들이 잠들기까지의 그 시간은 내가 어둠 속에서 사색을 할 수 있는 소중한 시간이다. 천장을 바라보며 조용히 생각에 잠겨 있는데 딸의 발끝이 내 몸에 닿기라도 하면 바로 생각이 깨지고 집중이 흐트러진다.

하지만 아들이 다리를 내 배 위에 올리고, 얼굴의 뾰루지를 잡아 뜯으려 하고, 팔로 나를 껴안을 때는 생각이 흐트러지지 않는다. 타인이 내 영역을 침범했다고 느껴지지 않는다. 그냥 아들은 나 자신인 것만 같다.

이 사실을 깨달은 순간 난 큰일 났다 싶었다. 이건 아들을 사랑하고 딸을 미워해서 일어나는 일이 아니다. 내가 아들을 독립된 개체로 바라보지 못하고 나와 한 몸처럼 느끼기 때문에 일어나는 일들이다. 부모가 자식을 그리 느끼는 게 뭐가 나쁘냐고? 당연한 거 아니냐고? 오, 노노. 절대 그렇지 않다. 부모와 자식은 시간이 흐르면서 자연스럽게 심리적으로 분리되어야 한다. 그래야 건강한 관계가 형성된다.

그러지 못하면 부모는 늘어서도 다 큰 자식을 한 명의 성인으로 존중하지 못하고 일일이 삶에 간섭하고 개입하려 든다. 부모 자식 사이는 허우적댈수록 더 빠져나올 수 없는 늪처럼 되어버린다. 이건 자식이 발달장애인이라도 마찬가지다. 아니 어쩌면 자식이 발달장애인이기에 더더욱 조심하고 유념해야 할 부분이기도 하다.

심리적 분리가
먼저다

자식의 독립된 삶을 말하기에 앞서 부모인 내가 먼저 자식에게서 심리적으로 독립해야 한다. 그러지 못하면 나는 자식이 성인이 될 기회를 영영 박탈해버리고 말 것이다. 영원히 '어린 자식'으로 자식을 내 품 안에 가둬두려 할 것이다.

사실 그 또한 나쁘진 않다. 평생 책임지고 살 수만 있다면 말이다. 자식이 장애를 갖고 태어났다고 버리는 부모도 있는데 장애인인 자식을 평생에 걸쳐 책임지는 모성 또는 부성이야말로 존경받아 마땅하지 않은가!

하지만 '언제까지?'라고 물으면 대답할 수가 없다. 장애 아이를 키운다고 영원한 생을 약속받은 것도 아닌데 언제까지 자식을 옆에 끼고 살 수 있을까? 그렇게 부모의 품 안에서 '영원한 어

> 누군가는 공주병을 지닌 성인이 되고
> 누군가는 우울증을 가진 성인이 되듯이
> 그냥 발달장애가 있는 성인이 되는 것이다.

린아이'로 살아온 '성인 발달장애인'은 부모가 죽고 나면 새로운 환경에 잘 적응할 수 있을까?

'자립'은 요즘 발달장애인 업계의 화두다. 작년에는 '발달장애인의 자기 권리 옹호 및 자립 생활'이라는 주제로 발달장애인 권리 증진 국제학술대회가 개최되기도 했다. 성인 발달장애인이 생활하는 기존의 그룹홈이나 거주 시설에서 벗어난 새로운 형태의 생활 지원 모델에 대해 논의했다고 한다. 분명 사회는 조금씩이나마 바뀌고 있고, 내 아들은 지금보다 더 나아진 환경에서 성인기를 맞이하게 될 것이다. 하지만 아무리 좋은 모델이 구축되어도 엄마인 내가 아들로부터 심리적으로 독립하지 못하면 아무 짝에도 소용이 없다.

만약 성인이 된 아들이 독립해 그룹홈에서 다른 사람들과 어울려 산다고 가정해보자. 아들은 괜찮다는데도 오히려 내가 분리불안을 느껴 아들이 생활하는 곳을 수시로 찾아가거나 주변에서 빙빙 돌며 매사에 개입하고 간섭하려 들 것이다. 장애인판 〈올가미〉라도 찍을 기세다. 그러긴 싫다.

나에게 주어진 가장 큰 과제는 아들을 독립된 한 인격체로 인정하는 것이다. 아들은 나와 한 몸이 아닌 주체성을 지닌 타인이라는 것을 받아들여야 한다. 다행히 주변에서 바람직한 성인 발달장애인의 사례를 접할 기회가 많아 올바른 방향을 가늠하고 있다. 발달장애인 자식을 하나의 독립된 개체로 대하는 선배 엄마들은 말도 어눌하고 행동도 어린아이 같은 20, 30대 자식을 '어린이'로 대하지 않는다. 장애가 없는 보통의 자식을 대하듯, 부모 자식 간에 협조할 것은 협조하고 선을 그을 것은 확실하게 긋는다. 그러면서 일상생활 자조 기술을 가르치는 데에 누구보다 열심이다.

내가 가야 할 방향도 그 길이다. 아들을 두 살이 아닌 제 나이인 열 살로 대하고 그에 걸맞게 존중을 해줘야 한다. 그래야 스무 살이 될 아들은 스무 살의 성인이 될 수 있다. 그냥 발달장애가 있는 한 명의 성인이 되는 것이다. 누군가는 공주병을 지닌 성인이 되고 누군가는 우울증을 가진 성인이 되듯이 그냥 발달장애가 있는 성인이 되는 것이다.

자식이 장애인이든 비장애인이든 마찬가지다. 그래서 세상의 모든 엄마들에게 하고 싶은 말이 있다.

"자식이 독립하기를, 자립하기를 바라십니까? 그럼 부모가 먼저 자식으로부터 독립하고 자립합시다. 그래야 진정한 자식의 자립이 이루어집니다. 우리 '올가미'는 되지 맙시다. 그건 좀 아니잖아요. 그렇죠?"

특별히 잘하는 게 없다고?
그렇다면 정상

"걱정 마. 아무리 장애가 있어도 잘하는 게 하나쯤은 있을 거야. 그걸 찾아서 키워주면 돼"

아들이 장애 확진을 받고 난 뒤 아마도 가장 많이 들었던 위로의 말이 아닐까 싶다. 얼핏 보면 장애 아이 부모를 격려해주는 좋은 말인 것 같지만 속사정을 알고 나면 그렇지만도 않다. 무언가를 특출하게 잘하는 게 없는, 평범한 장애 아이들이 더 많기 때문이다. 장애가 없는 아이들이라고 해서 모두 공부를 잘하지는 못하는 것처럼, 모두 달리기를 잘하거나 모두 피아노를 잘 치지는 못하는 것처럼 말이다.

미술이나 음악, 수학 등 어느 한 분야에서 비범한 능력을 나타내는 발달장애인을 일컬어 '서번트증후군'이 있다고 한다. 하지만 이런 사람들은 전체 자폐증 장애인의 10퍼센트에도 미치지 못하며, 우리 아들과 같은 지적장애인 중에는 아예 없는 건 아니지만 더욱 찾아보기가 어려운 실정이다. 우리 아들도 무엇이든 좋으니 잘하는 게 하나쯤은 있었으면 좋겠다. 그러면 장애인으로 사는 삶이 조금은 더 나아질 수 있을지도 모른다.

서번트증후군이 있는 발달장애인을 보니 남들과 다른 특별한 재능은 어릴 때부터 나타나는 모양이다. 열 살이 된 우리 아들을 가만히 바라본다. 대답 없는 질문을 던져본다.

"너는 뭐를 잘하니?"

뭐라고? 귀여운 소리 내며 웃는 걸 잘한다고? 마음에 안 드는 상황이 발생하면 일단 제자리에 주저앉아 반항하는 걸 잘한다고? 엄마의 방어를 뚫고 손가락으로 잽싸게 밥알 집어 먹는 걸 잘한다고?

그래. 아들도 잘하는 게 있긴 한데 도무지 재능하고는 연결이 되지 않고 사회생활에는 더더욱 써먹을 수 없는 것들이다. 그렇다면 어찌할까? 기능적으로 발전시킬 궁리를 한다. 학교 교육과 치료실 수업과 가정교육을 연계해 지시 따르기 훈련도 열심히 시키고, 한 가지 일에 몰입하는 집중력도 키우고, 손가락 소근육도 발달시키고, 정교한 작업도 할 수 있을 만큼 인지를 높이기 위해 노력한다.

이런 과정을 혹독하게 거쳐 발달장애인으로서 최고의 영예라

> 아들도 잘하는 게 있긴 한데
> 도무지 재능하고는 연결이 되지 않고
> 사회생활에는 더더욱 써먹을 수 없는 것들이다.

할 수 있는 직업을 가질 수 있다면 다행이다. 어떤 직업이냐고? 바리스타다. 깨끗하고 쾌적한 환경에서 비장애인과 함께 어우러져 맛있는 커피를 내리고 월급까지 받는 꿈의 직업, 바리스타!

아니면 발달장애인계의 삼성이라 할 수 있는 기업 '베어베터'에 취직하는 꿈도 품어본다. 일단 출근하면 집에 가라고 해도 퇴근하고 싶어 하지 않는다는 꿈의 직장 베어베터. 하지만 이 또한 좁은 문이라는 걸 안다. 경쟁률 때문이 아니라 아들의 기능적인 면 때문에 그렇다.

비유를 하자면 이렇다. 비장애인인 딸을 초등학교에 처음 입학시키고 나서 엄마들을 만난다. 이때만 해도 대다수 엄마들은 자기 아이가 SKY(서울대, 고대, 연대)에 입학할 수 있을 거라고 믿는다. 받아쓰기도 백 점, 수학 시험도 백 점, 성적표엔 모두 '잘함'이라고 찍혀 있다.

그러나 초등학교 고학년을 지나면서 슬슬 아이의 공부 머리에 의심이 들다가 중학교에 입학하고 나면 "아…… 내가 한때 헛된 나비의 꿈을 꿨구나"라는 걸 깨치게 된다. 마찬가지다. 모든 장애 아이들이 바리스타를 하고 기업에 취직할 수 있을 정도로 기능이 좋은 건 아니다. 아무리 혹독한 훈련을 시키고 온갖 치료에 목을 매도 기능에 한계가 있는 이들도 있는 것이다.

다시 묻는다. 그러면 이젠 뭘 어찌해야 할까? 한때는 아이의 인생을 부모인 내가 설계해서 모든 걸 완벽하게 설정해놓고 세상을 뜨겠다고 생각했다. 아무리 기능적으로 덜 발달했다고는 해도 한 가지 일을 반복적으로 10년 이상 하면 어느 정도 손에 익기는 하겠지. 우리 부부는 50세가 되면 각자 하던 일을 중단하고 아들과 함께 카페를 차릴 생각을 했다.

아들과 함께 10년, 20년 이상 한 자리에서 카페를 운영하며 노하우를 익히게 한 뒤 어느 정도 때가 되었다 싶을 때 가게를 물려주려 했다. 다만 아들이 경영권을 책임질 경우 경제적 안정까지 기대할 수는 없기에 부부가 죽기 전까지 30억 원을 만들어 아들 앞으로 매달 얼마씩 돈이 나오게 신탁을 들어둘 계획을 세웠다.

결혼? 결혼도 시켜야지. 아들처럼 유전에 의해서가 아닌 사고 후유증으로 지적장애가 온 착한 사람을 찾아 며느리로 맞을 계획을 세웠다. 그래야 두 사람이 낳은 아이가 장애가 없는 비장애인일 가능성이 그나마…… 그나마 클 터였다.

장애를 갖지 않은 내 손주들이 자기 부모를 돌볼 수 있는 스무 살까지 내가 그들을 뒷바라지하면 내가 이 생에서 할 일은 다 끝낸 것이라 생각했다. 그때 가서 마음 편히 눈을 감자고 생각했

> 내 아들은 장애가 있는 장애인이기에 앞서
> 느린 속도로 발달하고 있는 한 명의 사람이기도
> 했는데 내가 그것을 무시하고 있었다.

다. 이러한 내 계획을 몇몇 이들에게 말하니 멋있다고 박수를 친다. 꼭 이루라고 응원도 한다. 나도 그 길이 정답인 줄만 알았다. 그리 살아야지 했다.

하지만 아이가 성장하며 엄마인 나도 아이와 함께 성장한다. 나는 발달장애 아이를 키우는 데 있어 '장애'에만 매몰돼 '발달'이라는 측면을 간과하고 있었다. 내 아들은 장애가 있는 장애인이기에 앞서 느린 속도로 발달하고 있는 한 명의 사람이기도 했는데 내가 그것을 무시하고 있었다. 자식의 인생을 부모인 내가 재단하려 하면 안 된다. 장애를 가졌다 해도 아이는 자기의 욕구가 있을 테고, 부모인 나는 자식의 욕구를 지원해주는 방향으로 나아가야 했던 것이다. 부모인 내가 정해놓은 틀 안에 아이를 가둘 게 아니라.

결국 이전까지 세웠던 모든 계획이 엄마인 나의 욕심이고 허영일 뿐이었다는 걸 알게 된다. 내 생각대로 아이의 인생을 재단할 수 있는 게 아닐뿐더러 내가 계획한 대로 아이가 따라주지도 않을 것이다. 그것이 모든 자식 된 자들의 본성이다. 우리도 공부 열심히 해서 의사 되고, 판사 되고, 공무원 되라는 부모님 말씀을 안 듣고 자랐지 않은가! 장애인 자식도 마찬가지다. 장애가 있다고 자기 의견이나 자기 생각이 없는 게 아니다.

좋아하는 일 하고
살렴

이처럼 내 생각이 바뀌게 된 계기는 성인 발달장애인의 삶을 주변에서 간접 경험하면서부터다. 나는 발달장애가 있는 아들도 나와 똑같은 방식으로 살아야 할 줄 알았다. 아침에 일어나면 직장에 나갔다 저녁에 퇴근해서 집으로 돌아오는 그런 삶의 방식을 아들도 따라야 한다고 생각했다.

그러다 보니 걱정은 많고 한숨만 난다. 성인 발달장애인의 취업률은 아주 암담한 데다, 그 좁은 취업문을 통과하기 위해선 기능이 매우 뛰어나야 하기 때문이다. 기능이 뛰어난 아이로 키우려면 과도할 정도의 학습을 시켜야 하고, 부모가 나서서 아들의 취업문도 뚫어야 한다. 아이 인생에 대한 모든 책임을 부모가 다 져야 한다.

하지만 내가 알게 된 성인 발달장애인과 그의 부모들은 내가 생각하는 삶을 살지 않았다. 보통 사람들처럼 직장에 나가서 일하고 퇴근하는 발달장애인도 있었지만 그렇게 하지 않은 이들도 얼마든지 자신의 삶을 잘 영위하고 있었다. 작은 소일거리라

무엇이든 자기가 할 수 있는 만큼의 몫을
하고 살면 된다.

도 자신이 할 수 있는 일을 찾아서 하고, 나머지 시간에는 자신이 좋아하는 활동을 하며 시간을 보냈다. 그러면서 매일매일 동네 곳곳을 돌아다니며 지역사회 안에서 살아가기 위한 일상생활 기술을 익히고 있었다.

혼자서 미용실에 가서 머리를 다듬고, 혼자서 식당에 가서 주문을 하고, 혼자서 시장에 가서 장을 보고 돈을 건네고 거스름돈을 받는 훈련을 하고 있었다. 그렇게 특별하지 않은 모습으로 살며 어느 날 맞이하게 될 독립을, 자립을 준비하고 있었다. 내가 생각했던 막연한 미래의 모습과는 달랐다. 그룹홈 등에 입소해 살다가 낮에는 직장에 나가 일을 하는 그런 발달장애인이 되어야만 할 필요는 없었던 것이다.

그래, 우리 아들이 가야 할 방향도 바로 저 길이다. 나는 그들의 모습을 보며 아들의 미래도 새롭게 그리기 시작했다. 장애인이 꼭 번듯한 직장에 취업을 해야만 성공한 것은 아니다. 잘하는 게 없는 장애인이 더 많은 현실이다. 우리 아들 같은 중증 지적장애인일 경우는 더할 것이다.

꼭 정규직으로 취업을 하지 않아도 좋다. 피자 가게에 가서 하루 두 시간씩 박스 접기를 하거나 공장에 가서 하루 세 시간씩 수건을 개다 와도 괜찮다. 제빵사는 못하더라도 제과점 한 편에서 달걀 깨는 일만 거들거나 주차장 청소만 하고 와도 괜찮다. 무엇이든 자기가 할 수 있는 만큼의 몫을 하고 살면 된다. 그러면서 나머지 시간에는 지역사회 안에서 좋아하는 일을 즐기며 누리며 살면 된다.

여기서 중요한 건 하루하루를 잘 보낼 수 있도록 여가 생활을 누려야 한다는 것이다. 그림을 그려도 좋고, 드럼을 쳐도 좋고, 수영을 해도 좋고, 축구를 해도 좋다. 원예에 관심을 보여도 좋고, 춤추는 걸 즐겨도 좋다. 무엇이든 길고 긴 하루를 알차게 보낼 수 있는 취미가 있으면 된다. 살고 있는 지역사회 안에서 취미 생활을 즐기며 동네 사람들과 어우러져 살 수 있는 발달장애인이 되면 최선이다. 그보다 더 좋을 순 없다.

'잘하는 것을 찾아보자'에서 '좋아하는 것을 찾아주자'로 생각을 바꾸고 나니 마음이 좀 가벼워진다. 일단 죽기 전까지 아들한테 물려줄 30억 원을 안 벌어도 된다고 생각하니 그것만으로도 숨이 좀 트인다.

엄마로서 해야 할 일도 달라진다. 이젠 더 이상 내 새끼만 바라보고 내 새끼의 기능을 한 치라도 더 발전시키기 위해 끙끙대지 않는다. 대신 모든 발달장애인이 굳이 일을 하지 않더라도 최소한의 인간다운 생활을 영위할 수 있는 복지제도 확충에 관심이 가기 시작한다. 이를 위해 내가 할 수 있는 일이 무엇인가를

'잘하는 것을 찾아보자'에서
'좋아하는 것을 찾아주자'로 생각을
바꾸고 나니 마음이 좀 가벼워진다.

찾는다. 장애인 정책에도 관심을 갖고 사회의 인식 변화를 위해 노력할 방법도 찾는다. 단지 생각만 바꿨을 뿐인데 엄마인 나의 삶에도 변화가 찾아온다.

　아이가 잘하는 것을 찾기 위해 노력하는 것과, 좋아하는 것을 찾아주다가 아이가 좋아하는 일을 잘하게 되자 지원해주는 것은 그 출발점이 엄연히 다를 것이다. 나는 후자를 택하려고 한다. 그것이 부모인 나는 물론 우리 아들도 더 행복해지는 길이라고 믿는다. 이 또한 시행착오의 한 과정이라 할지라도 일단은 가보자. 고!

비장애인 자식에게도
공평한 관심을!

딸에게 더 신경 써야겠다는 경각심이 든 것은 장애인 형제를 둔 비장애 형제자매의 고통을 살핀 글을 쓰고 난 이후부터다. 각계의 충고가 우수수 쏟아졌는데 "딸에게도 공평한 관심을 주기를 바란다"라는 의견이 주를 이뤘다.

특히 성인이 된 비장애 형제자매의 의견에 눈이 번쩍 뜨였다. "부모님이 나에게도 관심을 더 보였더라면……." 결혼해서 아이까지 낳은 이들이 아직도 부모를 원망하는 것을 보고 나니 나는 무서워졌다.

편애로 인한 상처는 성인이 되어도 아물지 않는다. 나도 주변에서 "동생을 더 예뻐했어", "부모님이 나한테 해준 게 뭐야"라고 털어놓는, 상처를 간직한 어른들을 만나곤 했다. 하물며 장애인 형제 때문에 더욱더 그럴 수밖에 없는 상황이었다면 그 상처는 얼마나 깊을까. 나는 마흔 살이 된 내 딸이 "엄마가 동환이만 신경 쓰느라 내 인생을 망쳤어!"라고 소리 지르는 장면을 상상하곤 아찔해졌다. 그래서는 안 된다. 그랬다간 우리 가족 인생이 모두 엉망이 될 것 같았다.

마침 그때쯤 아들의 특수반 선생님이 딸에게 더 많은 관심을 쏟으라는 조언을 했다.

"그런 말이 있어요. 장애가 있는 우리 아이들은 부모가 태산만큼 정성을 쏟아도 손톱만큼 자란다고요. 하지만 비장애인 자식은 장애인 자식에게 쏟는 정성의 반만 들여도 태산만큼 자란다고요."

해야 할 일이 자명했다. 가야 할 길도 선명했다. 깨달음을 얻은 뒤 실천에 옮겼다.

우선 딸과 함께하는 시간을 의도적으로 더 많이 만들었다. 주로 잠들기 전 잠자리에서 이뤄지던 딸과의 대화 시간을 낮 시간대로 옮겼다. 전에는 아들 뒤치다꺼리를 하느라 딸은 혼자 크도록 내버려두다시피 했는데, 이젠 딸과의 대화를 위해 아들을 혼자 놀라고 내버려두기도 한다. 그럴 때마다 얌전히 있을 아들은 아니라서 엄마의 눈이 자신을 떠나 있는 동안 집 안에서 칠 수 있는 온갖 사고를 치기도 하지만 말이다.

엄마와 나누는 대화 시간이 늘어나자 딸은 마치 기다렸다는 듯 쉴 새 없이 종알종알한다. 학교와 학원에서 무슨 일이 있었는지, 어떤 친구가 어떤 일을 했는지, 어떤 책을 읽었는데 무슨 생각이 들었는지를 두고 끝도 없이 이야기한다. 그리고 매일은 아니라도 밤이면 수학 익힘책도 풀고 연산 문제집도 보며 모르는 부분을 함께 고민한다. 엄마와는 눈을 맞추고 대화하는 시간을 늘렸다면 아빠와는 놀이 시간을 늘렸다. 가끔 부녀끼리 극장 데이트를 하고, 주말이면 체스 게임을 하기로 했다.

딸과의 소통이 잘 이뤄지고 있냐고 묻는다면 "노력하고 있다"라고 대답하겠다. 딸과 일상적인 대화를 하는 시간에는 아무런 문제가 없는데 공부를 봐주는 시간에는 딸이 대답을 잘 못할 때마다 나도 모르게 욱해서 혈압이 오르기도 한다.

남편도 마찬가지다. 노력은 하지만 처음부터 잘되는 건 아니었다. 저번에는 딸과 애니메이션을 보고 오라 했더니 글쎄 딸만 극장 안에 들여보내고 자기는 밖에서 영화가 끝날 때까지 기다렸단다. 애니메이션이 시시하다는 게 이유였다. 게다가 나는 그 사실을 딸의 휴대전화를 보고 나서야 알게 됐다.

"태림아…… 극장에 혼자 있는데 깜깜해서 무서워"라고 딸이 친구에게 보낸 문자를 발견한 것이다. 나의 분노는 하늘을 찔렀고 결국 얼마 뒤 남편은 딸과 극장 데이트를 다시 해야 했다. 이번에는 함께 극장 안에 들어갔다는 인증 사진까지 찍어서 보냈다.

남동생에 대한 심적인 부담을 부모가 앞장서서
덜어주자 동생을 사랑하고 아끼는 마음이
더욱 솟아나게 된 것이다.

그렇게 아빠와 엄마가 의도적으로 관심을 늘려가자 딸에게
도 조금씩 변화가 일어났다. 일단 문제의 그 발언, "나도 장애인
으로 태어났으면 좋았을 텐데"라는 말이 쏙 들어갔다. 가끔 물어
본다. "수인아, 지금도 차라리 장애인으로 태어났으면 좋았을 것
같아?"라고 하면 고개를 절래절래 흔들며 "아니"라고 대답한다.

팁도 하나 얻었다. 남동생에 대한 심적인 부담을 부모가 앞장
서서 덜어주자 동생을 사랑하고 아끼는 마음이 더욱 솟아나게
된 것이다. 이전까지 딸은 누가 그러라고 시킨 적도 없는데 동생
의 장래를 걱정하곤 했다.

"엄마, 동환이는 나중에 어떡해?"

그럴 때마다 나는 말한다. 수인이 너는 걱정하지 말고 너는 네
인생을 어떻게 하면 행복하게 살까 하는 생각만 하라고, 나중에
남편과 아이들이랑 알콩달콩 재미있게 살 생각만 하고, 무조건
너 자신이 행복해지는 것만 생각하라고. 동환이 문제는 아빠 엄
마가 다 알아서 준비해놓고 하늘나라로 갈 거라고 말이다.

그러면 딸이 묻는다. "엄마, 그래도 내가 일주일에 한두 번씩
은 퇴근할 때 동환이 보러 가도 되지? 나도 보고 싶을 거란 말이

야. 그리고 내가 남편이랑 외국 여행 갈 때 동환이 데리고 가도 되지? 동환이도 홍콩에 가서 딤섬 먹으면 좋아할 것 같아."

그러라고 하면 갑자기 딸이 아들에게 달려간다. 〈뽀롱뽀롱 뽀로로〉를 보고 있던 아들을 뒤에서 꽉 껴안으며 "에구 귀여운 우리 동환이. 자, 누나한테 뽀뽀해봐. 뽀뽀"라고 한다. 물론 누나한테는 절대 뽀뽀를 안 하는 아들은 귀찮다는 듯 "잉잉" 소리를 내며 벗어나려 안간힘을 쓴다. 그 모습을 보며 딸과 나는 까르르 웃는다.

온전한 자신의
삶을 누리도록

앞서 말했듯 모녀간의 대화 시간을 확보하기 위해서는 '아들'이라는 관문을 넘어야 한다. 딸과 대화를 하고, 딸의 공부를 봐주고, 딸과 놀아줄 시간 동안 아들이 가만히 있지 않기 때문이다. 옷을 벗거나, 창문을 죄다 열어놓거나, 옷을 적시며 물놀이를 하거나, 텔레비전을 앞뒤로 미는 등 사고 치는 종류도 가지가지다.

그러거나 말거나 못 본 체하고 누나에게 집중하려 하면 갑자기 달려와 내 손을 잡고 위아래로 흔든다. 노래를 불러달라는 뜻이다. 그러면 〈악어 떼〉, 〈그대로 멈춰라〉, 〈쥐가 백 마리〉 등을 그만하라고 할 때까지 불러야 한다. 엄마와 누나의 데이트 시간을 방해하는 것이다.

"안 돼. 누나랑 얘기하니까 동환이는 잠깐 기다려"라고 하면 이번엔 누나를 밀어내기 시작한다. 엄마는 내 거라고. 누나는 저리 가라고. 말은 못해도 행동으로 의사 표현은 다 한다.

그래서 딸과 함께하는 시간을 마련하기 위해서는 아들이 얼마간이라도 엄마를 놓아줄 강력한 보상재가 필요하다. 바로 휴대전화다. 글씨도 못 읽는 아이가 눈도 쫓아가지 못할 정도의 빠른 손가락 놀림으로 〈뽀롱뽀롱 뽀로로〉, 〈우당탕탕 아이쿠〉, 〈코코몽〉 영상을 찾아 휘리릭 넘기며 집중을 한다. 사실 장애 아이들에게 휴대전화를 주는 건 금기에 가깝다. 휴대전화의 화려한 자극에 중독되면 다른 자극에는 큰 반응을 보이지 않을뿐더러 상호 소통의 기회도 줄어들기 때문이다.

하지만 나는 휴대전화를 꺼낸다. 아직 휴대전화를 뛰어넘는 보상재를 찾지 못한 탓이다. 비장애인 자식과 시간을 보내기 위해 장애인 자식 손에 휴대전화를 쥐여주는 나는 나쁜 엄마일지도 모르겠다. 하지만 그렇다 해도 장애인 자식에게 모든 것을 바치다가 정작 비장애인 자식 마음에 장애를 남기는 오류를 저지르지는 않으리라. 아, 물론 휴대전화를 대체할 다른 무언가를 찾는 건 내가 앞으로 해결해야 할 과제다.

하루 종일 손이 가는 아들에게서 잠시도 눈을 떼지 못하는 나는 속으로 조용히 말한다.

> 부모는 너 혼자만의 것이 아니야.
> 누나에게도 관심을 가질 시간을 좀 다오.

'그 정도면 충분하지 않니? 부모는 너 혼자만의 것이 아니야. 누나에게도 관심을 가질 시간을 좀 다오.'

그동안은 쌍둥이 부모가 아닌 장애 아이 부모로 나 자신을 인식해왔다. 장애 아이를 키우면 그렇게 된다. 가정의 모든 중심이 장애인 자식에게 쏠린다. 그러고 싶어서가 아니라 그럴 수밖에 없는 상황들이 매 순간 일어난다. 나뿐만이 아니다. 아마 많은 장애인 가정에서 비슷하게 겪는 문제일 것이다.

그렇다 보니 여기저기서 비장애 형제자매의 좋지 않은 소식이 전해진다. 마음의 문제를 안게 된 비장애 형제자매의 모습이 더 이상 낯설지 않게 되었다. 보통 가정에서라면 '자식을 편애하지 말자' 정도로 끝날 일이지만 장애인 자식을 둔 가정에선 비장애인 자식에게도 공평한 관심을 갖는 게 여러 정황상 어려운 일이다. 무엇을 우선순위에 둘 것인지 부모가 결단력을 갖고 방향성을 잡아야만 하는 일이기도 하다.

우리 부부는 비장애인 자식, 너만이라도 제대로 살리겠다(?)는 각오 아닌 각오를 다지고 있는 중이다. 어차피 장애인 아들을 키우는 건 '낳은 죄'가 있는 우리 부부가 죽을 때까지 져야 할 몫이다. 아무 죄 없는 딸만이라도 온전하게 자신의 삶을 사는 행복을 누리길 바란다.

　딸이 만약 장애인 형제자매가 있음에도 구김살 없이 마음이 맑은 어른으로 자라게 되면, 그것이 내가 이 세상에 태어나 엄마로서 한 노릇 중에 가장 잘한 일이 될 게다. 잘 성장한 딸을 보는 것이 나의, 우리 가족의 희망이기도 하다.

아이의 장애는
가정의 장애가 아니다

　발달장애 아이들의 부모와 접할 기회가 많아지면서 깜짝 놀랄 만한 사실을 하나 발견한다. 아이를 위해 백방으로 노력하는 '좋은 아빠'들이 이 세상엔 부지기수로 많았다. 아빠, 곧 남편은 밖에 나가 돈을 벌어오고 엄마, 곧 아내는 장애 아이 육아를 전담한다는 것이 전통적인 공식이었는데 그 공식이 깨지기 시작한 것이다.

　돈도 벌면서 아이를 위해 장애 이해 공부도 하고, 자조 모임도 꾸리고, 아빠 모임도 열고, 법과 제도 그리고 아이 미래에 대해 진지하게 고민하는 아빠들이 많았다. 내 남편은 지금 뭐하고 있는 거지? 이런 생각이 들 때마다 난 남편을 째려본다.

　남편은 아들을 사랑한다. 하지만 아들의 장애에 대해서는 공부하지 않는다. 법과 제도에 대해서도 고민하지 않는다. 그저 무한대로 예뻐만 한다. 여전히 아들 얼굴 곳곳을 물고 빤다. 그 때문에 아들 얼굴에 멍이 들기도 일쑤라서 학교 선생님들은 때때로 얼굴이 왜 그러냐고 물어온다. 아마 아들이 집에서 학대라도 당하는 줄 알리라. 그뿐이랴. 숨도 못 쉴 정도로 아들을 꽉 껴안으면서 혼자 좋아한다. 그 모습을 보고 있으면 슬슬 부아가 치민다.

"자기야, 동환이 좀 그만 놔두고 자기도 장애에 대해 공부 좀 하자."

"내가 아빠 모임 하나 알아왔는데 자기도 나가 볼래?"

그때마다 남편은 고개를 젓는다. 장애에 관해선 내가 공부해서 자기한테 알려주고, 아빠 모임에도 내가 대신 나가서 정보를 듣고 오란다. 아들 일과 관련해선 내가 하자는 대로 무조건 따르겠단다.

아들의 장애를 회피하는 것일까? 어느 날 결국 난 폭발해버렸다.

"언제나 나만 생각해? 언제나 나만 고민해? 왜 동환이에 대한 짐을 나 혼자 다 지고 있어야 해? 나만 부모야? 나 혼자 낳았냐고!"

조용히 듣고 있던 남편이 한마디 던진다.

"너 혼자 모든 짐을 다 지고 있다고 생각해? 정말 그래?"

조용하지만 강한 어조로 말하는 남편의 이야기를 들으며 나는 고개를 점점 떨구었다. 남편은 아들의 장애를 회피하는 것이 아니었다. 오히려 아들을 있는 그대로 받아들이고 자신만의 방식으로 살아가고 있었다. 다른 방식으로 아들을 위해 노력하고 있었다.

남편의 태도는 바로 '장애도'와 관련이 있었다. 남편은 외부의 스트레스를 잘 이겨내지 못하는 성격이다. 그러다 보니 장애에 대해 공부를 하고 깊이 파고들다가 자신이 '장애도'에 갇힐까 두려웠던 것이다. '장애도'란 자식의 장애 안에 스스로를 가두고 심리적으로 꽁꽁 묶여 있는 상태를 말한다. '장애도' 안에 갇혀 힘들어하던 아내의 모습을 보았기에 남편은 자신도 그리될까 두려웠던 것이다.

'장애도' 안에서 살던 시간을 나는 또 다른 말로 '지옥의 3년'이라 부른다. 그토록 힘든 시간을 함께 겪었기 때문에 남편은 자기만이라도 '장애도'에 갇히지 않으려 나름대로 애를 쓰고 있었던 것이다. 아들의 장애와 의도적으로 거리를 둠으로써 자신은 물론 가족 모두를 지키기 위해 나름의 방식으로 노력하고 있었던 것이다.

오랜 대화 뒤 남편의 진짜 마음을 알게 되면서 나는 철없이 굴었던 내가 부끄러워졌다. '좋은 아빠'들과 남편을 비교했던 게 미안했다.

세상이라는 육지로
노를 저어 가기까지

사실 '장애도'라는 섬은 없다. 어느 지도에도 표기되어 있지 않은 무형의 섬 '장애도'. 이 세상에 존재하는 것이라곤 장애인 자식만이 전부인 섬 '장애도', 오로지 자식의 '장애'를 중심으로 돌아가는 섬 '장애도'. 그 섬은 존재하지 않지만 실재하고 있었다.

아들은 네다섯 살 무렵 장애 진단을 받았다. 생후 13개월부터 치료실을 전전하던 나는 아들에게 발달장애가 있을지도 모른다는 것을 어렴풋이 짐작하고 있었다. 설마 하면서도 여러 치료실을 찾아다녔고 나도 모르는 사이에 '장애도'라는 섬을 향해 노를 젓기 시작했다.

모든 게 슬프고, 모든 게 힘들고, 모든 게 화가 났다. 남들은 잘만 낳아 쉽게 키우는데 나는 왜 이렇게 힘든 육아를 해야 할까? 내가 무슨 죄를 지었다고 이런 벌을 받아야 하는가? 왜 이 아이는 이렇게 손이 많이 가는 걸까? 모방행동도 하지 않고, 똥오줌도 못 가리고, 말귀도 못 알아듣는 아들의 뒷바라지를 하며 평생을 보낼지도 모른다고 생각하니 절망감이 솟구쳐 올랐다.

아이를 무심히 쳐다보며 혼잣말을 하기도 했다.

"너 때문에 내 인생이 저당 잡혔어."

너무나 귀엽고 사랑스럽지만 문득문득 그런 원망이 솟구쳐 오르는 건 어쩔 수 없었다. 하루에 열 번도 넘게 울음이 터져 나왔다. 아이들 밥을 먹이다 말고 꺼이꺼이 울고, 기저귀를 갈다 말고, 빨래를 널다 말고 흐느끼곤 했다.

아들 때문에 180도 바뀌어버린 내 미래에 '희망'이란 글자는 없었다. 모든 희망은, 내가 꿈꾸었던 삶은 '자식의 장애' 때문에 물거품이 되어버렸다. 온종일 한 가지 생각만 했다. "아이들을 데리고 죽을까, 나 혼자 죽을까." 이 고민만 수천 번을 했다. 수백 번이 아닌 수천 번.

이 세상의 모든 인간관계가 싫었다. 정말 친한 몇몇 친구를 제외하곤 연락도 하지 않았으며, 동네 사람 그 누구와도 눈을 맞추지 않았다. 가게에서 물건을 사도 상대방 손만 쳐다봤고 병원을 가도 의사의 눈을 보지 않았다. 모든 사람들과 거리를 두고 살았다. 그리고 아들이 창피했다. 가끔 사람 많은 장소에서 이상한 소리를 지르거나 바닥에 드러누워 난리를 부리면 얼굴이 달아올랐다. 아들 때문에 망쳐버린 내 인생엔 잿빛 절망만 가득했다.

이 시기엔 부부 사이도 최악이었다. 우리는 매일 싸우고 싸우고 또 싸웠다. 부부싸움은 양가의 집안 다툼으로까지 이어졌고 양가에서 엄마들이 앞장서 이혼을 시키겠다고 으름장을 놨다. 그러는 한편 결혼해서 이런 꼴로 살고 있는 자식이 못마땅한 엄마들은 각자의 자식들과 절연을 선언하기도 했다.

모든 게 엉망이었다. 아들의 장애 때문에 가족 모두의 인생이 엉망이 되어버렸다. 그렇게 '장애도'라는 섬에 갇힌 채 지옥의 나날이 이어졌다.

하지만 더 이상 내려갈 데가 없으면 올라가는 일만 남았다고 했던가. 아이들이 유치원에 입학하니 하루에 몇 시간이라도 숨을 쉴 수 있는 숨구멍이 트인다. 나는 살고 싶어졌고, 스스로 살길을 찾기 시작했다.

내가 활용할 수 있는 여러 방안을 통해 오랜 시간 심리 상담을 받았다. 나 자신을 찾아가는 작업에 몰두했다. 그러는 한편 다시 인간관계도 넓혀갔다. 친구들도 자주 만났고 동네 사람들과도 교류했다. 물건을 사러 가서도 눈을 보고 대화를 나누고 거리를 걷다 웃으며 먼저 인사를 건넬 줄도 알게 되었다.

그리고 아이가 유치원에 가 있는 시간 동안 소소하게나마 내 일을 하면서 나의 자아도 찾아가기 시작했다. 이 세상에 존재하는 것이라곤 장애가 있는 아들과 나 자신만 있던 '장애도'에서 벗어나 '세상'이라는 육지로 노를 저어 가기 시작했다.

그리고 어느덧 시간이 흘러 지금에 이르렀다. 아들이 장애인이기에 '장애도'에 소속은 되어 있지만 그곳에 갇혀 있지만은 않은 그런 상태가 되었다.

장애는
특성일 뿐이다

생각해보니 남편은 나름대로 최선을 다하고 있었다. 주말에는 아이들을 위해 일체 다른 약속을 잡지 않았다. 장롱면허 소유자인 나 혼자 어린아이 둘을 데리고 놀러 다니기가 쉽지 않았기 때문에 남편은 모든 주말을 가족과 함께 보냈다. 키즈카페도 가고, 대형 마트도 가고, 쇼핑몰도 가고, 서점에도 가고, 시내에 나가 돌아다니기도 했다.

작년 가을부터는 북한산 등산도 다닌다. 발달장애가 있는 아이들한테 등산이 가장 좋은 감각통합 훈련이라는 말을 듣고 실행에 옮긴 것이다. 물론 걷는 게 힘들고 싫은 아들은 몇 미터 가다 말고 주저앉기 일쑤지만 그때마다 어르고 달래가며 온 가족이 함께 산을 탄다. 남편은 평일에도 아이들을 위해 살았다. 헬스장을 가거나 술 약속이 잡혀 있어도 퇴근 후 일단 집에 들러 아들을 조금이라도 봐준 다음 아이들이 잠들 무렵에 다시 집에서 나가곤 했다.

무엇보다 남편은 장애가 있는 아들을 너무나 사랑한다. 장애가 있다고 구박하기는커녕 오히려 아들이 가진 '갓난아기 같은 순수함'에 한없이 행복해한다. 이건 매우 중요하다. 비록 남편은 아들의 감각통합이 어떤 식으로 이뤄지는지도 모르고, 발달장애 부모들의 자조 모임에 나가 열띤 토론을 벌이지도 않지만 자신만의 방식으로 아들을 사랑하고 있다. 어쩌면 그랬기 때문에 남편은 아들의 장애를 크게 인식하지 않고 그 자체로 바라볼 수 있는지도 모른다.

남편의 이러한 태도는 나에게도 좋은 영향을 미쳤다. 만약 남편이 다른 아빠들처럼 장애를 정면으로 직면한 '좋은 아빠'였다면 우리는 성격상 쌍으로 '장애도'에 갇혀버렸을지 모른다. '장애도' 안에 스스로를 가두던 내가 그 섬을 탈출하기로 마음먹고 세상으로 나아가기 시작한 것은 '장애도'보다 '세상'에 더 많이 발을 담그고 있던 남편이 세상과의 연결고리가 되어주었기 때문에 가능하기도 했다. 그로 인해 나 역시 내 삶을 찾는, '동환이 엄마'가 아닌 '류승연'이라는 내 이름으로 살 수 있는 길을 찾아가기 시작했다.

작년 3월부터 활동보조인 서비스를 이용하면서 '내 행복을 찾아가는 삶'에 가속도가 붙었다. 이제 아들은 하교 후 내가 아닌 활동보조인의 손을 잡고 치료실에 다녀온다. 치료가 빨리 끝나는 날은 활동보조인과 놀이터에서 놀다 오기도 한다. 집에 와서 잠시 놀고 있으면 엄마가 온다. 그때부터는 다시 엄마와의 시간이다.

활동보조인에게 아들의 치료실 방문을 맡긴 것뿐이지만 그로인해 나는 등에 날개를 달게 되었다. 내가 활용할 수 있는 나만의 시간이 크게 늘어난 덕이다. 이젠 점심 먹고 나서 곧바로 아들을 데리러 가기 위해 먼저 일어나는 신데렐라가 되지 않아도 된다.

늘어난 시간만큼 나 자신을 위한 일을 늘리는 한편 발달장애 아들의 장애는 아들이 가진 특성일 뿐이다.
아들의 장애가 더 이상 우리 가정의 장애는 아니다.

의 세계에도 더 많은 관심을 쏟는다. 아들의 장애를 더 깊이 이해하기 위해 부모 교육 강의도 듣고, 여러 분야에서 활동하는 장애 아이 부모들을 만나 내 아들이 살아 나갈 세계에 대한 이해도 넓혀가고 있다.

내가 내 행복을 찾아가는 것만큼 남편과 딸의 행복에도 관심을 쏟는다. 이제 나는 사람들을 만나면 아들의 이야기만 하지 않는다. 내 세상이 '장애'로만 가득 차 있던 과거와는 다른 모습이다. 대신 나는 나의 이야기를 하고, 남편의 이야기도 하고, 딸의 이야기도 한다.

이제 나는 '장애도'에서만 사는 게 아니라 '세상' 속에서 함께 살고 있다. 보통 삶을 살고 있는 다른 엄마들처럼 말이다. 아들의 장애는 아들이 가진 특성일 뿐이다. 아들의 장애가 더 이상 우리 가정의 장애는 아니다. 그것을 알게 되었다.

백 가구의 장애 가정이 있으면 백 가지의 세상이 있다. 각각의 가정마다 다른 세계가 펼쳐진다. 부부의 성격, 가정을 둘러싼 환경, 아이의 장애 정도 및 특성에 따라 저마다 다른 삶을 산다. 다른 선택을 한다.

우리 가정에는 우리 부부가 선택한 이 길이 최상이다. 남편은

'장애'에 무심한 듯 한 발짝 거리를 두고, 나는 나대로 '장애도'와 '세상'에 한 발씩 걸치고 둘이 함께 미래를 향해 나아가는 길 말이다. 남편이 다른 '좋은 아빠'들과 같지 않다고 해서 '나쁜 아빠'는 아니었다. 나 역시 아들만을 위해 사는 '좋은 장애 아이 엄마'가 아니라 해서 '나쁜 엄마'가 아니듯이.

'장애도' 안에서 탈출한 나는 이제 더 이상 아들이 창피하지 않다. 사람 많은 곳에서 아들이 "아갸갸갸" 하고 이상한 소리를 내면 "응, 강아지 귀여워? 오늘 기분 좋아?"라며 맞장구를 친다. 외계어와 한국어를 사용하는 두 사람이 각자의 말로 대화를 나눈다. 이제 남들을 의식해 아들의 입을 막지 않는다.

아들이 갑자기 질주를 시작하면 나도 따라 백 미터 달리기를 한다. 남들의 시선은 아랑곳하지 않는다. 남편도 마찬가지다. 아들이 길 한복판에서 펄쩍펄쩍 뛰는 상동행동을 하면 남편도 아들 흉내를 내며 함께 펄쩍펄쩍 뛴다. 그 모습을 보고 있는 딸과 나는 까르르르 웃는다.

아이의 장애가 곧 가정의 장애는 아니다. 이제 우리 가족은 그것을 알게 되었다. 멀고도 험한 길을 돌아 얻은 가장 큰 깨침이다.

활동보조인이
아들을 때렸다

활동보조인이 아들의 머리를 내리쳤다. 목요일 오후 2시였다. 나는 복지관에서 열린 AAC(말을 할 줄 모르는 장애인이 그림 카드나 휴대전화 앱 같은 매개를 이용해 의사를 전달하게 도와주는 보완대체 의사소통 방법) 사례 강연을 듣고 있었다. 마침 사례 발표자가 지인이라 나는 강연 시간보다 일찍 가서 대기했다.

2시 4분. 함께 강연을 듣기로 한 또 다른 지인에게서 도착하고서 주차할 곳을 찾아 빙빙 돌고 있다는 카톡이 왔다.

2시 10분. 지인에게 다시 카톡이 왔다. 오늘 동환이가 검정 점퍼를 입지 않았느냐고, 지금 복지관 뒷마당인데 활동보조인이 동환이에게 소리 지르며 머리를 때리고 있다는 내용이었다.

그날 아들은 1시 20분에 하교한 뒤 학교 옆 복지관에서 2시까지 언어치료를 받았다. 그리고 복지관 뒷마당을 통해 2백여 미터 거리에 있는 음악치료실로 가고 있을 터였다.

차를 세우고 올라온 지인은 굳은 얼굴로 자신이 목격한 상황을 말해주었다.

복지관 뒷마당에는 아무도 없었단다. 자신도 주차장 출입 통로를 따라 나왔기에 자신의 모습이 활동보조인에게 보이지 않았을 거란다. 지인이 주차장에서 나올 때부터 누군가 고래고래 소리를 지르고 있더란다.

무슨 일인가 하고 봤더니 아이는 동환이였다고 한다. 지인에 따르면 아들은 눈이 가득 쌓인 맨바닥에 그대로 주저앉아 "이이이이이" 소리를 내며 울고 있더란다. 바지가 눈으로 흠뻑 젖었을 거란다. 그 옆에서 활동보조인이 "일어나! 일어나!"라고 소리 지르며 손바닥으로 아들의 머리를 내리쳤고 맞은 아들은 또다시 "이이이이이" 그러면서 울더란다. 아들은 떼를 쓸 때 "우왕" 하고 터져나오는 울음소리를 낸다. "이이이이이"는 공포에 질렸을 때 내는 무기력한 어린아이의 울음소리다.

상황을 전해 들은 나는 강의실에서 나와 활동보조인에게 전화를 걸었다. 전화를 받지 않는다. 음악치료 선생님에게 전화를 걸었다. 아들이 잘 들어왔는지 물으니 지금 바지가 다 젖어서 활동보조인이 옷을 갈아입히고 있단다.

피가 거꾸로 솟는다. 심장이 벌렁벌렁거린다. 당장 음악치료실로 뛰어가고 싶다. 불쌍한 내 새끼를 안아서 달래고 안심시키고 싶다. 하지만 이럴수록 침착해야 한다. 정신을 차려야 한다. 만반의 준비를 다 해놔야 한다. 활동보조인과 대면하는 건 그다음이다. 시간 활용이 자유로운 남편에게 전화를 걸어 아들을 데리러 가도록 했다. 그리고 나는 준비에 나섰다.

증거 확보가 우선이다. 목격자가 있어도 확실하게 입증하기 위해서는 CCTV 영상이 필요했다. 폭행이 일어난 곳은 재활병원과 복지관 사이 마당이었다. 원래 그 마당에 CCTV가 설치되어 있었는데 최근 옆 건물 공사 때문에 CCTV를 치웠단다. 대신 주차장으로 연결되는 병원 뒤쪽에 CCTV가 있었다. 병원에 찾아가 이러한 연유로 CCTV 영상을 보고 싶다고 했다. 아들이 오래 다녔던 곳이라 병원 측에서도 도움을 주고 싶긴 한데 법적으로 걸린단다. 경찰의 입회가 있어야만 CCTV 영상을 보여줄 수 있다고 한다.

경찰을 불렀다. 경찰관 두 명과 형사 한 명이 왔고 나는 온갖 서류에 서명을 했다. 그러고 나서 CCTV 영상을 보러 갔다. 부모인 나는 볼 수가 없고 형사고발 조치가 취해진 다음에야 확인할 수 있다고 한다. 경찰들이 병원 내 미디어실로 들어가 폭행 여부를 확인했다.

경찰들이 본 CCTV 영상에는 머리를 때리는 모습이 잡히지 않았다. 아들이 폭행을 당했던 구역은 겨우 2, 3미터 차이로 정신을 차려야 한다.

만반의 준비를 다 해놔야 한다.

CCTV 촬영 범위에서 벗어나 있었다. 다만 그 영상에는 병원 입구에서 활동보조인이 다시 아들의 엉덩이를 세 대 내리치는 모습이 찍혔다. 담당 형사는 머리를 때린 것은 CCTV 영상에 나오지 않았지만 목격자도 있는 데다 엉덩이를 때렸다는 증거가 확보됐기 때문에 얼마든지 형사고발을 할 수 있다고 했다.

복지관 인권팀에 찾아가 도움을 받을 수 있는 방법을 물었다. 인권팀에서는 아들의 경우처럼 의사소통이 잘 되지 않는 피해자들을 위해 중앙지검에서 진술조력팀을 운영하고 있다며 연락처를 알려주었다. 그곳을 통해 형사고발이 취해졌을 경우 국선변호사도 소개받을 수 있단다.

오케이. 다음. 서울시 장애인 인권센터에 연락을 했다. 어떤 법적 조치를 취할 수 있는지 물었다. 답변은 실망스러웠다. 현행법의 한계를 알게 된 것이다. 아들의 활동보조인을 더 이상 못하게 할 수는 있지만, 그녀가 다른 아이의 활동보조인을 못하게 막을 방법은 사실상 없다. 형사고발을 했을 때 활동보조인이 금고 이상의 징역형을 받아야만 1년 동안 자격이 정지된단다. 그 이후에는 다시 새로운 곳에 가서 활동보조인을 할 수 있단다. 하지만 1년 자격 정지를 시키는 것도 쉽지 않고 대부분이 벌금형으로 끝난다고 한다.

정리하면 이렇다. 말 한마디 못하는 아들은 1년에 가까운 시간 동안 내가 보지 못하는 곳에서 얼마나 맞아 왔을지 모른다. 이날 지인이 '우연히' 목격하지 않았으면 평생 모르고 살았을 것이다. 부모인 나는 아들을 때린 활동보조인을 목격자 진술과 CCTV 증거를 토대로 얼마든지 형사고발할 수 있다. 하지만 고발한다 해도 그녀가 금고 이상의 징역형을 받기는 사실상 어렵고 벌금형으로 끝날 가능성이 크다. 그사이 법정에 왔다 갔다 하느라 내 몸과 정신은 더욱 피폐해질 것이다.

물론 그녀는 아들의 활동보조인은 당장 관두게 되겠지만 다른 기관을 통해 활동보조인 일은 계속할 수 있다. 그녀가 속해 있는 기관에서 더 이상 일을 주지 않겠다 해도 다른 기관에서 일하는 것까지 막을 방법은 없다. 활동보조인 양성 기관끼리 활동보조인의 신상 정보를 공유하는 건 개인정보법 위반이기 때문이다.

나름대로 알아봐야 할 것들을 모두 알아본 뒤 나는 그녀가 속한 기관의 지부장을 만났다. 당연히 그는 내 편에 선 듯한 행동을 보였다. 그는 있을 수 없는 일이라며 더 이상 그녀에게 일을 주지 않겠다고 딱 잘라 말하지만 나는 안다. 그건 나에게 보이기 위한 '액션'일 뿐이다.

활동보조인에 의한 장애인 폭행 사태가 일어나지 않으려면 활동보조인 양성 기관에도 책임을 물을 수 있는 법적 장치가 있어야 한다. 그래야 일주일에 4, 5일 교육시킨 뒤 이수증을 주면서 현장에 투입해 수수료만 챙기는 무책임한 기관들이 없어진다.

활동보조인 제도가
제대로 정착되려면

활동보조인 제도는 장애인들의 자립을 돕기 위한 목적에서 생겼다. 하지만 활동보조인 교육을 딱 일주일 받고 발달장애 아이들을 맡으니 곳곳에서 사고가 터진다. 세상에는 좋은 활동보조인도 많지만 복지관에서, 치료실에서 만나는 활동보조인 중에는 아이를 방치하고 막말을 서슴지 않는 사람들도 꽤 있다. 단지 돈벌이 수단으로 장애인을 이용하는 사람들이다.

그렇다고 활동보조인을 쓰지 않고 엄마가 아이에게 매달려 있는 것만이 해답은 아니다. 활동보조인이 하교 후 치료실에 왔다 갔다 하는 일만 도와줘도 주 양육자가 쓸 수 있는 시간은 한 움큼 늘어난다. 하루 종일 아이와 붙어 있으면 아무것도 할 수 없다. 활동보조인의 도움이 없다면 주 양육자는 영원히 끝나지 않는 '육아전쟁'에서 한시도 벗어날 수 없다.

20분이면 끝낼 집 안 청소를 아이와 함께 있을 땐 한 시간을 홀쩍 넘긴다. 엄마가 정리하면 다시 늘어트려 놓고, 청소기를 돌리면 청소기 호스로 장난을 치자고 매달린다. 아이를 데리고 장보러 가면 진이 빠져 집에 돌아온다. 중간 중간 '떼쓰기'에 발동 걸린 아이를 어르고 달래느라 혼이 빠져 오는 것이다. 혼자만의 시간은 꿈도 꿀 수 없다. 혼자서 텔레비전을 보고, 책을 읽고, 공부를 하는 딸과 달리 아들은 텔레비전을 보면서도 자기가 좋아하는 대사가 나오면 엄마가 따라 해야 하고, 장난도 함께 쳐야 하고, 밥도 먹여줘야 하고, 화장실 뒤처리도 도와줘야 한다. '육아전쟁'에 지친 주 양육자가 자신만의 시간을 확보할 수 있다는 면에서 활동보조인 제도 자체는 바람직하다.

장애인 당사자에게도 활동보조인 제도는 바람직하다. 엄마와 떨어져 생활하는 법을 배운다. 보통 아이들이 그러하듯 커나가면서 자연스럽게 엄마와 물리적으로 분리되는 경험을 쌓는다.

엄마는 영원히 살 수가 없다. 엄마는 언젠가 늙고 병들어 자식 곁을 떠나게 될 텐데 한평생 엄마를 통해서만 세상과 교류하던 성인 발달장애인이 어느 날 갑자기 낯선 타인의 도움을 받으며 사회에 적응하려고 하면 어떻게 되겠는가!

아들도 그랬다. 엄마 없이는 아무 데도 안 가던 아이였다. 심지어 아빠와도 둘이서는 외출하려 들지 않았다. 언제나 엄마가 곁에 있어야 했다. 그랬던 아들이 활동보조인과 함께 치료실에 다니면서 엄마가 아닌 타인과 일상을 살아 나가는 법을 익히게 되었다. 이제 아빠와 둘이서 목욕탕에도 다닌다. 활동보조인 제도의 순기능이다.

그래서 나는 활동보조인 제도는 그대로 두되 이를 감시하고 감독할 법적 장치를 강화해야 한다고 생각한다. 활동보조인을 전문성을 지닌 하나의 직업 유형으로 만들어 교육 기간을 늘리고, 이론과 실습 과정을 더욱 체계적으로 만드는 것이다. 그렇게 전문적인 교육과정을 거쳐 활동보조인으로 공인받은 사람들을 전문가로 대접하고, 시급도 높여줘야 한다. 그와 더불어 활동보조인 양성 기관에 대한 평가와 제재 역시 강도를 높여야 한다. 활동보조인에 의한 불미스러운 일이 발생했을 경우 기관에 책임을 묻는 법적 장치가 있어야 기관도 경각심을 갖고 제대로 교육에 임한다. 그래야 중간 수수료를 챙기기 위해 몇 시간 형식적인 교육을 하고 활동보조인을 현장에 곧바로 투입시키는 일이 없어진다.

어쨌든 그렇게 기관에 가서까지 한바탕 난리를 친 다음에 맨마지막으로 활동보조인을 만났다. 그녀는 내가 예상한 대로 행동했다. 자신은 아들을 때린 적이 없다고 발뺌하면서 다른 활동보조인이 자신의 증인이 되어줄 거라고 당당히 말했다. 나는 그녀를 무심히 바라보았다. 나의 엄마뻘 되는 그녀가 격렬한 어조로 자신의 억울함을 주장하는 모습을 그저 무심히 바라만 보았다.

형사고발은 안 하기로 했다. 현행법으로는 그녀에게 책임을 물을 수 있는 실질적 방법이 없다. 형사고발로 활동보조인 자격 영구 정지 등 일련의 조치가 취해진다면 법정에 오가느라 정신이 피폐해지는 수고로움쯤은 얼마든지 감수하겠지만, 고발하더라도 그녀가 받을 수 있는 최고형은 벌금형이다. 내 목적은 그녀의 돈 몇 푼을 뺏는 것이 아니다.

그리고 마지막으로 그래도…… 그래도…… 그래도……. 손주처럼 내 아들을 사랑했다는 그녀의 말을 조금은 믿어보기로 한다. 그 말마저 믿지 않으면 너무 슬퍼 견딜 수 없어서다. 그런 그녀를 믿고 아들을 맡겼던 나를 용서할 수 없을 것 같다.

의미 있는 인생이 뭔지,
누가 결정하죠?

활동보조인이 아들을 때린 사건 이후 '인권'이라는 두 글자가 내내 나의 머릿속을 맴돈다.

지난해 크리스마스 날 아침이었다. 전날 종일 밖에 나가 놀고 왔더니 집에 먹을 게 없었다. 나는 가족의 먹거리를 책임진 주부의 권력을 이용해 "오늘 아침은 짜장라면!"이라고 외쳤다. 남편과 나와 딸은 짜장라면을 먹고, 라면을 먹을 줄 모르는 아들에게는 식빵을 구워주기로 했다.

그런데 주부의 절대 권력에 도전하려는 반역의 무리가 꿈틀거린다. 남편은 아침부터 밀가루 먹기 싫다며 과일을 깎아달란다. 딸은 우유와 시리얼로 아침을 먹겠단다. 나도 짜장라면이 내키지 않아 면발이 통통한 라면으로 메뉴를 바꿔 후루룩 먹었다.

말을 할 줄 아는 셋은 각자의 요구대로 원하는 아침상을 쟁취했다. 그러다 문득 아들을 바라보니 퍽퍽한 식빵을 꾸역꾸역 먹고 있다. 아차 싶었다.

활동보조인이 아들을 때린 사건이 일어났을 때 피가 솟구쳤던 이유는 이 아이가 말을 할 줄 모르는 발달장애인이기 때문이다. 물론 딸이 같은 상황에 처했어도 분노했을 테지만, 아이들이 말을 못한다는 이유로 더더욱 인간 대접을 못 받았다는 지점에서 더 큰 분노가 폭발했다. 아들은 장애인이라는 이유로 인권을 침해당한 셈이다.

그런데 그날 아침, 나는 처음으로 부모인 나조차 내 아들의 인권을 침해하고 있다는 걸 알게 됐다. 말을 할 줄 아는 다른 가족의 욕구는 존중해주면서, 말을 할 줄 모르는 아들은 나 편한 대로 아침상을 차려줬던 것이다.

인권이 뭐냐고? 인권이란 인간으로서 당연히 가지는 기본 권리를 말한다. 그런데 요즘은 인권이라는 말보다 '인권감수성'이라는 말이 더 자주 쓰인다. 인권이면 인권이고, 감수성이면 감수성이지 인권감수성은 또 뭘까? 국가인권위원회에 따르면, "인권감수성이란 일상생활에서 만나는 다양한 자극이나 사건에 대해 매우 작은 요소에도 인권적인 요소를 발견하고 적용하면서 인권을 고려하는 것"을 말한다.

아하! 그러면 크리스마스 날 아침 식빵을 먹는 아들을 보며

나는 처음으로 부모인 나조차
내 아들의 인권을 침해하고 있다는 걸 알게 됐다.

말할 줄 모르는 아들의 선택권, 자기 결정권을 생각한 난 생애 처음으로 인권감수성이란 것을 경험했나 보다. 허허. 살다 보니 이런 날도 온다. 사실 인권이나 인권감수성이란 말은 내 인생에서 쓰지 않을 단어일 줄 알았다. 인권은 말이다, 인권이란 단어는 인권을 침해당해본 자들이 사용하는 단어다. 인권을 침해하는 쪽은 평소에 인권이란 단어를 쓸 필요성을 못 느낀다.

아들이 인권을 침해당했다. 상대는 아들이 말을 할 줄 모르기에 더 쉽게, 더 죄책감 없이 침해했을 것이다. 이건 효율성만 따지는 세상의 논리와도 맞닿아 있다. 아마 이 시간에도 대한민국 곳곳에서 의사소통이 제대로 되지 않는 장애인들의 인권은 수시로 침해당하고 있을 것이다. 그리고 인권을 침해하는 쪽은 그래도 된다고 생각할 것이다. 큰 죄책감은 없을 것이다. 효율성이라는 시각에서 보면 발달장애인은 영 가치가 없어 보이기 때문이다.

활동보조인 사건이 터진 후 놀랐던 사실이 하나 있다. 많은 이들이 이번 사건에 분노했지만 정작 가까운 관계에 있는 몇몇이 "어쩔 수 없다"라는 반응을 보인 것이다. 그들은 나보고 활동보조인을 바꾸지 말고 그대로 두기를 권했다. 내 새끼도 키우다 보면 손찌검할 수 있는데 남의 새끼한테 손찌검하는 건 당연하다고 했다. 더군다나 말도 잘 못 알아듣고 보호자를 힘들게 하는 장애인이기 때문에 활동보조인이 때려도 어쩔 수 없다는 게 그들의 논리였다.

장애인이니까 맞아도 어쩔 수 없다는 논리엔 인간의 가치를 효율성으로만 따지려는 세상의 시각이 잔뜩 배어 있다. 효율성만 중요시하고 스펙으로만 개인의 존재 가치를 따지던 과거의 나처럼 말이다.

인간의 가치는
효율로 따질 수 없다

가끔 남편과 함께 이런 상상을 한다. "만약 아들에게 장애가 없었다면 우린 지금 어떤 인생을 살고 있을까?" 남편과 나는 신이 나서 떠들어댄다. 남편도 나도 직장생활을 하고 있겠지. 아마도 내 연봉이 남편보다 높았을 것이다. 어쩌다 뉴스에서 발달장애인법을 개정하라며 삭발하는 장애인 부모들의 소식을 접하면 쓱 한 번 쳐다보고는 곧바로 잊고 딴 일을 했을 것이다. 무엇보다 나는 아주 콧대가 높은, 재수 없는 여자가 되어 있을 가능성이 농후했다.

신혼 때 일이다. 퇴근 후 남편과 만나기로 했고, 저 멀리 남편의 모습이 보이자 나는 손을 한 번 흔든 뒤 남편에게 다가갔다.

> 나는 세상의 모든 작고 약하고 힘없는 것들을
> 비로소 돌아볼 줄 알게 되었다.

남편은 나를 보자마자 "와, 어쩜 그렇게 재수 없게 걸을 수가 있어?"라고 첫 마디를 꺼냈다. 배어 있었던 것이다. 콧대 높고, 당당하고, 자신감으로 충만한 자아가 살짝 들어 올린 고개에, 힘찬 발걸음에 알알이 배어 있었던 것이다. 그 상태로 계속 살아왔다면 마흔이 넘어간 지금의 나는 웬만한 남자도 상대하기 힘든 대찬 여자가 되어 있을 터였다.

그랬던 내가 변했다. 이제 사람들은 나를 만나면 내가 내뿜는 도도한 기보다 몸을 낮춘 애교와 친밀함을 먼저 본다. 물론 사람이란 완전히 변할 수는 없어서 가끔씩은 나도 모르게 재수 없었을 그때의 나 자신이 튀어나오기도 하지만 그래도 이전 같지는 않다. 스스로가 느낄 정도니까.

장애가 있는 아들은 엄마를 변화시켰다. 무교인 내가 아들 덕분에 구원받았다는 느낌이 드는 이유다. 나만 잘난 줄 알고 자신만 생각했을 나, 류승연을 세상에서 가장 작고 약하고 힘없는 고개 숙인 죄인이 되게 만들었다. 그 과정에서 나는 세상의 모든 작고 약하고 힘없는 것들을 비로소 돌아볼 줄 알게 되었고 급기야 인권이라는 것에도 관심을 갖게 되었다. 장애인인 아들은 엄마를 구원하기 위해 누군가가 내려준 선물과도 같은 존재다.

영화 〈인생을 애니메이션처럼〉은 오웬이라는 자폐증 청년의 이야기를 다룬 다큐멘터리다. 그중 인상 깊었던 대사가 있다.

'사회적 사고력 평가관(social thinking evaluator)'이라는, 우리나라에는 없는 직업을 가진 여자가 오웬의 어머니에게 묻는다. 자폐증인 오웬이 지역사회와 가족에게 기여하는 바가 무엇이라 생각하냐고. 오웬의 존재 가치와 존재 의미를 묻는 질문이었다. 오웬의 어머니는 오웬의 형이 꺼냈던 이야기를 들려준다.

"의미 있는 인생이란 게 무엇인지, 누가 결정하지요?"

그랬다. 우리는 서로에게 너의 존재가 지역사회에, 가족에 기여하는 바가 무엇이냐고 묻지 않는다. 그런데 왜 장애인인 오웬은 그런 질문을 받아야 할까? 장애인은 존재 가치가 있을 때만 존재해야 하는 걸까?

지적장애인인 내 아들은 이미 열 살이 되기도 전에 인권을 침해당했다. 아마 앞으로도 이 아이는 수시로 인권을 침해당하며 살게 될 것이다. 말을 못하니 누군가에게 이를 수도 없고, 뚜껑이 열려서 경찰에 고발하겠다며 노발대발하지도 못할 테니까 말이다. 인권을 침해하는 쪽은 큰 죄책감을 갖지 않을 것이다. 효율성 측면에서 보면 인간적인 가치가 현저히 낮은 발달장애인이기 때문이다. 어쩌면 그런 취급을 해도 된다고 생각하는 사람들을 만나게 될지도 모른다.

그때가 오면, 그런 상황이 오면 나 역시 묻고 싶다. "내 아들의

내 아이는 인간적 가치 면에서 효율성이 낮아
'맞아도 어쩔 수 없는 장애인'이 아니다.

가치는, 발달장애인의 가치는 누가 결정하는 건가요?"라고. 오웬의 엄마와 형처럼 말이다.

가치 있는 인생? 의미 있는 삶? 남들이 보기에 멋있어 보이는 삶을 사는 이들은 많다. 하지만 그들 중 존재 자체로 단 한 명이라도 남을 변화시키고 구원해본 이는 몇이나 될까? 내 아들과 그들 중 누구의 삶이 더 가치 있고 의미 있는가? 그걸 누가 정할 수 있는가?

자. 여기까지 생각이 미쳤으면 이젠 결론을 내려야 한다. 이 세상의 모든 잘난 우리, 인간으로서의 효율성이 높은 우리가 정당하게 누리는 모든 인권적 요소를 장애인도 똑같이 누리고 받을 수 있어야 한다.

내 아이는 인간적 가치 면에서 효율성이 낮아 '맞아도 어쩔 수 없는 장애인'이 아니다. 오히려 나보다도 반짝반짝 빛나는 가치 있는 존재다. 나는 살면서 그 누구도 변화시켜본 경험이 없지만 내 아들은 이미 나를 변화시켰다. 어쩌면 아빠와 누나도 변화시킬 것이다. 존재 그 자체로 말이다. 내 아들을 비롯한 발달장애인의 인권이 나와 동등한 개인으로서 지켜져야 하는 이유다.

아이의 장애를
알게 된 그녀에게

오랜만에 지인이 전화를 걸어왔다. 안부를 묻자 왈칵 울음을 터뜨리고는 아이가 발달장애 진단을 받았다는 한마디를 힘들게 꺼냈다. 말문이 막힌 나는 잠깐 동안 침묵을 지킨 후에 입을 뗐다.

"괜찮아. 괜찮아. 인생 끝난 거 아니야."

이제 막 이쪽 세계에 입문한 지인. 나는 지금부터 지인을 '그녀'라 부르기로 한다. 그녀는 친구일 수도 있고, 동네 아줌마일 수도 있고, 학교 선후배일 수도 있고, 옛 직장 동료일 수도 있지만 이제 막 이쪽 세계에 입문한 그녀가 자식의 장애를 주변에 공개하지 않았으므로 '그녀'라는 호칭으로 신상을 보호하고자 한다.

발달이 또래보다 늦던 아이가 결국 병원에서 발달장애 확진을 받게 되면 부모는 말 그대로 하늘이 무너지는 심정이다. 아이가 태어나면서 계획했던 가족의 모든 미래도 함께 무너져버린다. 이젠 어디로 가야 하지? 어떻게 하면 될까?

울고만 있을 겨를은 없다. 엄마이기에, 부모이기에 방법을 찾아내려 한다. 이미 그 과정을 겪어온 나는 그녀의 심정이 오롯이 느껴진다. 그래서 내가 알고 있는 것들을 그녀에게 알린다. 이제 우리는 한 배를 탄 동지가 되었으니까.

장애 아이 엄마가 된 그녀가 맨 먼저 해야 할 일은 지역 주민센터로 가서 치료 지원을 받을 수 있는 바우처 카드인 희망e든 카드를 신청하는 것이다. 그다음 그 카드를 사용할 수 있는 치료실 명단을 받는다. 일일이 찾아가 방문 상담을 받고 각 과목별로 치료 대기 신청을 걸어놓으면 된다. 짧게는 몇 달, 길게는 몇 년까지도 기다리는 경우가 많기 때문에 처음엔 눈에 띄는 모든 치료실마다 대기를 걸어놓는 게 좋다. 그래야 나중에 연락이 왔을 때 더 나은 곳으로 옮길 수 있다.

지역 내 장애인복지관은 대기 1순위다. 치료비 부담이 상대적으로 적고 다양한 치료 프로그램을 운영하고 있는 데다 부모를 위한 각종 활동도 많기 때문에 자주 드나들면서 '정보 창구'로 활용하는 게 좋다.

치료 과목은 의사의 견해와 치료실 초기 상담을 통해 얻은 정보를 토대로 엄마가 결정해야 한다. 아이가 장애 진단을 받고 나면 이 세상에 존재하는 모든 치료를 다 받게 하고픈 게 부모 마음이다. 그런데 무작정 치료실을 많이 다닌다고 아이가 그에 정비례해 좋아지는 건 아니다. 아이에게 지나치게 스트레스가 쌓이지 않아야 하고, 가정경제에도 무리가 따르지 않을 범위 내에서 치료 계획을 세워야 한다. 적절한 때에 적절한 치료를 제공받은 아이는 좋은 예후를 기대할 수 있다.

과도한 치료는 위험하다. 아이는 물론 엄마도 힘들고 그 때문에 가정경제까지 흔들리기 시작하면 부부관계에까지 영향을 미친다. 악화된 부부관계는 주 양육자인 엄마를 더욱 지치게 하고, 지친 엄마는 아이를 잘 돌볼 수 없다. 우울감에 빠져 상호작용해주지 않는 엄마로 인해 아이의 발달은 더 늦어진다. 악순환의 반복이다. '장애도'에 갇히게 되는 것도 이 시기다.

반면 이런 말도 있다. 취학 전에, 그러니까 장애 진단을 막 받았을 이 시기에 '엄마가 원하는 만큼' 이런저런 치료를 다 시켜봐야 나중에 미련이 없다고. 한편으론 맞는 말이기도 하다. 이 시기의 많은 엄마들은 아이가 다니는 치료실 개수를 늘리는 것으로 아이에 대한 죄책감을 덜려고 하는 경향이 있다. 주변에서 아무리 말해도 귀에는 들리지 않는다.

나 역시 친정 엄마가 치료 과목을 줄이고 그 돈으로 딸아이 학원을 하나 더 보내거나 아이들 고기를 한 번 더 사 먹이라고 그렇게 여러 번 말했지만 귓등으로 흘려보내곤 했다. 스스로가 이런 과정을 거치며 온갖 치료에 매달리고 난 뒤에야 나중에 내려

우리는 서로서로 연결됨으로써

고민을 덜고, 앞선 지혜를 나누고,

어깨를 토닥이며 위로받을 수 있다.

놓을 줄 알게 되는 것 또한 사실이다. 그러니 어떤 치료를 얼마나 받게 할까 고민하는 대목에서는 각자가 판단해야 한다. 장애 아이들의 특성은 저마다 다를뿐더러 각 가정의 여건도 다르기 때문이다.

아! 본격적인 치료실 순방 이전에 특수교육지원센터에 가서 상담을 받고 통합어린이집이나 특수학급이 개설된 유치원에 입학 신청을 해놓는 것은 필수다. 아이의 장애를 알게 되었음에도 비장애 아이들과 같은 교육을 받게 하려고 무리하는 것보다 아이의 발달 상황에 맞는 특수교육을 빨리 시작하는 게 낫다.

이런 과정을 거쳐 일단 아이에게 필요한 환경이 제공되었으면 이젠 부모 차례다. 부모도 자신을 돌봐야 한다. 스스로가 행복하지 않으면서 아이가 행복하기를 바라는 건 무리다. 일단 같은 슬픔을 지닌 이들을 만나 정보와 공감을 나눌 방법을 찾아본다. 요즘은 발달장애에 대한 정보 창구가 다양해져서 인터넷 카페나 밴드, 페이스북, 부모 단체 등을 통하면 다양한 사람들을 만나 많은 정보를 얻을 수 있다.

장애 아이를 키우는 부모들과 교류를 늘려가는 건 단지 정보를 얻기 위해서만은 아니다. 그보다는 양육자인 부모의 정신건강에 도움을 받는 측면이 더 크다. 나 또한 같은 처지의 부모들을 많이 알아가면서 놀라운 사실을 발견했다. 바로 어린 영유아 부모들이 하는 고민을 나도 그 시기에 똑같이 했다는 사실이다. 지금 내가 하고 있는 고민 또한 나보다 앞서 아이를 키운 선배 엄마들이 했던 고민과 다를 게 없다고 한다. 더도 덜도 아니고 딱 그대로라고.

그렇기에 우리는 교류를 통해 서로서로 연결됨으로써 고민을 덜고, 앞선 지혜를 나누고, 가야 할 방향성을 정하고, 어깨를 토닥이면서 위로받을 수 있다.

하지만 여기서도 한 가지 유념할 것은 아무리 같은 슬픔을 지니고 있다 해도 이 세계 역시 사람들이 모인 '똑같은 세상'이라는 점이다. 갈등도 있고 배신도 있고 시기와 질투도 있다. 그러니 각자가 중심을 잡고 적당한 선을 지켜야 한다. 모든 인간관계가 그러하듯 이 세계에서도 그러면 된다.

행복은 거창한 데서
오는 게 아니다

이제 막 장애 아이의 엄마가 된 그녀. 그녀는 아마 향후 몇 년간 인생에서 가장 힘든 시기를 보내게 될 것이다.

살면서 경험해본 적 없는 아이의 낯선 행동에 당황하고 눈물도 나고 화도 날 것이다. 아이는 이해하지 못할 이상한 행동을 반복할 것이고 엄마의 말을 제대로 알아듣지도 못할 것이다. 다른 아이들과 비교하기 시작하면 그때부터 지옥문이 열릴 것이다.

거리에 나가면 부정적 감정을 실은 타인의 시선이 자신에게 향하는 경험도 처음으로 하게 될 것이다. 그 상처와 충격은 꽤나 커서 자꾸만 마음의 문을 닫고 싶어질지도 모른다.

그동안 유지하던 인간관계에서 점점 소외되는 경험도 하게 될 것이다. 자존감은 바닥을 치고 세상으로부터 숨고 싶어지기만 할 것이다.

남편과의 관계도 한동안은 악화될 것이다. 아이의 장애는 부모 때문이 아니지만 갑자기 바뀐 환경에 부부 모두 서로를 돌볼 마음의 여유가 없다. 아빠는 밖으로만 나돌지도 모르고 그럴수록 엄마는 아이의 치료에만 매달릴지도 모른다.

눈물 흘리는 밤이 많아질 것이고, 죽음에 대한 생각도 시시때때로 찾아올 것이다. 때론 정신이 폭발할 것 같은 답답함에 마구 소리를 지르며 미쳐가는 듯한 느낌도 받을 것이다.

하지만 말이다. 이 모든 고통과 슬픔에도 불구하고 말이다. 그녀는 장애가 있는 아이 덕분에 더 많이 웃게 될 것이다. 그리고 스스로 더 나은 인간이 되어 더 행복한 일상을 살게 될 것이다.

소소한 일상의 즐거움도 알게 될 것이다. 내가 자신 있게 말할 수 있는 부분이기도 하며 장애 아이를 키우는 엄마라면 누구나 고개를 끄덕이는 부분이기도 하다.

장애가 있는 아이를 키우며 부모들은 그동안 알고 있던 가치관이 모두 깨지는 경험을 한다. 좋은 대학? 대기업? 유명 브랜드 아파트? 비싼 자동차? 인생에서 중요한 건 스펙이 아니라는 걸 알게 된다.

여덟 살 된 아이가 학교에 입학해 처음으로 "엄마"라고 불렀을 때 감정이 복받쳐 저절로 눈물을 흘리게 된다. 열 살 된 아이가 양치질을 한 뒤 처음으로 물 뱉기에 성공했을 때 엄마는 춤을 추게 된다. 열일곱 살 아이가 식당에서 혼자 힘으로 음식 주문에 성공했을 때 엄마는 찌르르 울리는 가슴을 진정시키며 자식을 껴안는다. 고맙다고 속삭이게 된다.

인생에서 행복은 거창한 데서 오는 게 아니다. 매일의 일상 속에, 소소한 일상 속에 눈물 날 것 같은 기쁨과 행복이 숨어 있다. 그 소소한 일상의 행복을 이전까지의 그녀는 아마 놓치고 살았을 것이다. 하지만 앞으로는 발달이 느린 장애 아이를 키우며 서서히 알아가게 될 것이다. 그리고 언젠간 깨닫게 될 것이다. 장애가 있는 아이 덕분에 심심할 틈 없으면서도 많이 웃을 수 있는 행복한 일생을 살게 되었다는 것을 어느 순간 알게 될 것이다.

그래서 나는 말한다. 괜찮다고. 아이에게 장애가 있어도 괜찮

> 괜찮다고. 아이에게 장애가 있어도 괜찮다고.
> 인생 끝난 거 아니라고.

다고. 인생 끝난 거 아니라고.

그녀가 발달장애라는 세계에 새로 입문했다. 환영한다고, 어서 오라고는 말할 수 없다. 이 길은 힘든 길이기에 축하해줄 수가 없다. 하지만 슬픔만 있는 길은 아니다. 이 세계에도 기쁨은 있고, 이는 여태껏 경험해보지 못한 전혀 새로운 종류의 기쁨일 터이다. 그러니 나는 말한다.

괜찮다고. 아이가 장애를 갖게 되었어도 괜찮다고.

우리는 괜찮을 거라고.

사양합니다,
동네 바보 형이라는 말

**한국에서 10년째 장애 아이 엄마로 살고 있는
류승연이 겪고 나눈 이야기**

첫판 1쇄 펴낸날 2018년 3월 30일
　　　11쇄 펴낸날 2024년 8월 30일

지은이 류승연
발행인 조한나
편집기획 김교석 유승연 문해림 김유진 곽세라 전하연 박혜인 조정현
디자인 한승연 성윤정
마케팅 문창운 백윤진 박희원
회계 양여진 김주연

펴낸곳 (주)도서출판 푸른숲
출판등록 2003년 12월 17일 제2003-000032호
주소 서울특별시 마포구 토정로 35-1 2층, 우편번호 04083
전화 02)6392-7871, 2(마케팅부), 02)6392-7873(편집부)
팩스 02)6392-7875
홈페이지 www.prunsoop.co.kr
페이스북 www.facebook.com/prunsoop   인스타그램 @prunsoop